講義再現版 第6版

伊藤真［著］

伊藤真の 民事訴訟法入門

The Guide to Civil Procedure
by Makoto Itoh.
The sixth edition

日本評論社

　本書は、民事訴訟法の概略をつかみ、民事訴訟法を楽しく学んでもらうためのものです。版を重ね、今回で第6版になりますが、幸いにも今まで大学生や社会人はもちろん、中高生からシニアの方々まで幅広く読んでいただくことができました。

　近年、民事訴訟法に関するいくつかの重要な改正法が成立しました。その中でも特に大切なものは、訴状等のオンラインによる提出や訴訟記録の電子化などの民事訴訟手続の全面的なIT化などを目的とした改正です。

　この改正は、社会・経済の変化に対応させ、迅速に訴訟が進むことを目的としています。原則として、公布日（2022年5月25日法律第48号）から4年以内の政令で定める日に施行されますが、2024年1月現在、すでに施行されているものもあります。本書では、未施行部分も含めて、改正民事訴訟法の内容を盛り込んでいます。

　民事訴訟手続の全面的なIT化といっても、処分権主義、弁論主義、必要的口頭弁論の原則などの諸原則、そして民事訴訟法の本質には何ら変更はありません。

　改正点についても、原則として、あえて細部には触れずに概略を説明するにとどめています。そのため、本書で民事訴訟法の概略をつかんだら、更に一歩進んだ勉強に入り、より一層、日本の民事訴訟法を理解してもらえればと思います。その際には、拙著『伊藤真ファーストトラックシリーズ』や『伊藤真試験対策講座』シリーズ（ともに弘文堂）が役立つことでしょう。

　なお、近年、刑法において、「禁錮」、「懲役」を「拘禁刑」に一元化する改正がなされました。本書でも拘禁刑への一元化に対応していますが、

この改正は2025（令和7）年6月1日より施行されます。刑法改正の詳細は本シリーズの刑法第7版に譲りますので、そちらを読んでいただけたらと思います。

　この本を手にした方が、民事訴訟法をはじめ、法律学習の面白さを感じながら法律を身につけ、法を身近なものに感じることができるようになることを願っています。

　では、早速授業を始めます。

　　2024年2月

伊藤　真

伊藤塾ホームページ

　本書は、試験対策として民事訴訟法を学ぼうとしている方の導入として、また、実際に何らかのトラブルに巻き込まれそうだという方が自分の身を守るために必要な基礎知識を短時間で修得できるように書いたものです。どんな法律を学ぶときもその全体像を把握することが不可欠ですが、本書はその助けになるはずです。

　実際に裁判をしている人はこの本に書いてあるくらいの知識はもっておいて損はありません。何もかも弁護士に任せる前に自分のことは自分で守るくらいの心構えが必要だからです。

　さて、民事訴訟法とは民事裁判に関する手続法です。一般的には六法の中でももっともなじみの薄いものかもしれません。同じ訴訟法でも刑事訴訟法は、新聞や刑事ドラマ、小説などで多少はなじみがあるかもしれません。なぜ、民事訴訟法はそのように国民から遠い感じがしてしまうのでしょうか。それはたぶん民事裁判制度そのものに問題があるからだと思います。

　国民には裁判を受ける権利（憲法32条）があります。何かトラブルに巻き込まれたらきちんと裁判所という国家機関が解決してくれることになっています。

　しかし、実際はどうでしょうか。何か法的な問題が生じたときにすぐに裁判所で解決しようとするでしょうか。ほとんどの人はいきなりそんなことは考えないはずです。争いになっている金額が少額の場合などは、特にそうです。まず、話合いをしてそれでも解決できないときに裁判も考えるかもしれませんが、多くの人はめんどうだということで、諦めてしまうことのほうが多いのではないでしょうか。

そもそも裁判は、弱い者が泣き寝入りをしなくて済むように、国家が弱い者の言い分を聞いて理不尽を正す役目をもっています。本来は当事者同士で解決すればいい問題を、当事者に任せていては解決にならなかったり、または弱いものが理不尽を強いられたりすることがあるので、公平・中立な裁判所という国家機関が出ていって解決しようとするのです。

　このように税金を使って国家機関が紛争を解決する以上は意味のある制度でなければなりません。そして、多くの人が利用しやすい制度にする必要があります。今までの民事訴訟制度は必ずしも問題の解決に対して適切な運用はなされてきませんでした。その結果、泣き寝入りをせざるをえなかったり、暴力団に解決を頼んだほうが早かったりというような弊害が出ていました。これをもっと国民が利用しやすく、迅速に解決できるシステムにしようと、さまざまな改革が進んでいます。平成8（1996）年からの民事訴訟法の改正もその一環です。

　平成8年の改正によって市民により身近な裁判制度となることが期待されています。裁判を通じて、理不尽を許さないという当たり前の感覚を実現できるようになれば、国民も税金を払っていることに納得するでしょう。

　これから学ぶ民事訴訟法はそうした民事裁判制度の手続を学んでいくものです。よって、試験科目としての民事訴訟法を学ぶというとき以外でも、個人的にまたは会社でちょっとしたトラブルに巻き込まれた場合に自分の身を守るために、この法律を学んでおくことは、泣き寝入りをしないために重要なことなのです。

　民事訴訟法は手続法です。たかが手続にすぎないものを1つの法律をつくって学問の対象にすることの意味はどこにあるのでしょうか。どんなに民事訴訟という手続がしっかりしていてもそこで扱う実体法、つまり民法や会社法・商法がいい加減であれば何の意味もありません。ですから、手

続法よりも実体法の方が大切だという考えも当然出てきます。中身と手続なら中身の方が大切だという考えです。

　しかし、たとえば、ある人が知り合いにお金を貸した。それを返してもらえないので、裁判を起こしたとします。このときに実際にお金を貸していたはずなのに、先方が「いや、あれはもらったお金だ、借りたものではない」と言ってきたとします。こっちとしては貸したお金なのですから当然返してほしいのですが、貸したという証拠がないかぎり裁判では負けてしまうのです。つまり、民法の世界では返さなければいけないといっても、訴訟法の世界でそれが証明できないと何の意味もないのです。

　このように現実の裁判では、民法のような実体法と訴訟法は一体になっています。どちらが欠けてもうまくいきません。裁判という手続で勝たなければ正義は実現しないのです。裁判は一定の制限のもとで人間が行いますから、限界があります。どんなに神様の目から見て正しくても、裁判という制度のもとで正義が実現するかどうかは別問題なのです。この点を冷静に割り切って考えないと、なぜ自分は正しいのに負けるんだということになってしまいます。裁判につまらない理由で負けないようにするためにも、ある程度、裁判の仕組みを学んでおくことは大切なのです。

　ところで、ちょっと抽象的な話になりますが、裁判の結果はなぜ正しいということになるのでしょうか。1つは当事者の意思に従った結果だからだということもあるでしょう。両当事者がそれでいいというのならその結論でかまわないのです。しかし、当事者が争っているにもかかわらず1つの結論が正しいとされるのはなぜでしょうか。それはその裁判の過程、つまり手続が正しいからなのです。手続が正しいがためにまわりの人はその結果も信頼できる正しい結論であろうと考えるのです。その意味で裁判制度にとって、手続はとても重要です。民事訴訟法はまさにこの手続を学ぶものです。

「たかが手続、されど手続」なのです。

　試験対策として民事訴訟法を学ぶ方はこの科目を得意科目とするために、また、実際にトラブルに巻き込まれている人は理不尽を許さないために、この法律の概略をしっかりと学んでおいてください。

　　　1998年4月

伊藤　真

伊藤真の民事訴訟法入門
第6版

目　次

第4章…訴訟の審理

I　審理の場面における裁判所と当事者の役割………84

＊本書9頁、29頁、65頁、79頁、140頁の図は、伊藤真『試験対策講座 11　民事訴訟法』
（弘文堂）より転載したものです。

……はじめに

　この本では民事訴訟法の概略をつかんでもらえるように話を進めていきます。民事訴訟法は、裁判の手続を規定しているものです。そして、その裁判の手続の流れを紹介するのが、本書の目的であるといってもよいでしょう。

　「金を貸したが、返してもらえない。裁判所に訴えてやる！」「みんなの前で恥をかかされた。名誉毀損罪で告訴してやる！」「住民が本当に困って反対しているのに、何のために理由もなく、こんな再開発を強行するんだ。役所は間違っている。裁判で闘うしかない！」……日常的にも「裁判」とか「訴え」という言葉は、使われています。しかし、実際「裁判はどんなふうに行われているの？」と聞かれれば、ほとんどの方は、わからないと思います。その裁判の流れ、手続の流れの概略をこれからお話ししていくのですが、本文に入る前に、おおまかな話をしておきましょう。

　先ほど、何気なく、こんな例を出してみました。

①金を貸したが、返してもらえない。裁判所に訴えてやる！→民事訴訟

②みんなの前で恥をかかされた。名誉毀損罪で告訴してやる！→刑事訴訟

③住民が本当に困って反対しているのに、何のために理由もなく、こんな再開発を強行するんだ。役所は間違っている。裁判で闘うしかない！→行政訴訟

　おや？と思われた方がいたかもしれませんが、実は、今書いたとおり、①は民事訴訟、②は刑事訴訟、③は行政訴訟です。裁判は、争い事の内容や性質から、この３つに分類されています。民事訴訟は、金の貸し借りをめぐる争いや、売買契約の目的物が壊れていたとか違っていたとかという

1

ように、私人間の法的紛争解決を目的とする手続です。この手続を定めた
のが、民事訴訟法です。刑事訴訟は、犯罪を認定し刑罰を科してよいか決
める手続です。②の例は、刑法230条の名誉毀損罪によって刑罰を科する
かどうかを決めるための手続です。そして、行政訴訟は、公権力の行使の
適法性を確保するための手続です。だいたいの違いはイメージできると思
います。ここでは、その違いには深入りせずに、この本で扱うのは、刑事
訴訟や行政訴訟ではなくて、私人同士の法的な争いに関する民事訴訟の手
続を定めている民事訴訟法であることを頭に入れてください。

　ここでひとつ、「自力救済の禁止」ということについてお話しておきま
す。①の例で、金を貸したが返してもらえない人が、無理矢理、金を奪い
返したり、恥をかかされた人が腹いせに殴ったり、自分の力で自分を救済
してしまったりすること（＝自力救済）は、禁止されています。それはな
ぜでしょうか。たとえば、10万円ばかりの金を借りて返さないことを理由
に街金融が暴力的な方法で、家財産（数千万円相当）を身ぐるみ剥がした
り、恥をかかされた腹いせに人を殴ったりすることが許されるとすれば、
社会の秩序は到底維持されません。このように、社会秩序の維持を図るた
めに、自力救済は禁止され、だからこそ、争いは「裁判」という公の場で
解決しようということになっているのです。自力救済の禁止という言葉
は、覚えておきましょう。

　それでは、私人間の法的な争いは、どのような形で解決されていくか、
みてみましょう。

　争いがあっても、その争っている当事者同士で解決が図れればそれでよ
いのです。しかし、当事者あるいは親戚縁者などが入っても解決しないと
き、裁判所に訴えます。訴える人のことを「原告」といいます。訴えられ
た人が「被告」です。原告と被告が、対立する二当事者として、お互いの
言い分を闘わせ、中立的な第三者である裁判所が判断する手続が裁判です。

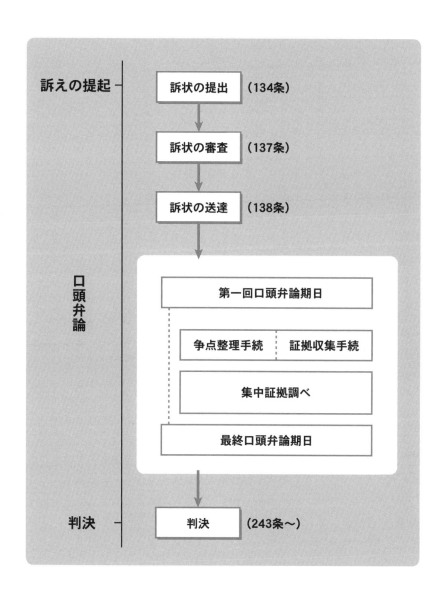

まず、原告が、争いの内容を法的な請求の形にして、訴状を裁判所に提出する（134条1項）ことで訴えが提起されます。その訴状が、民事訴訟法などの手続法に適合しているかどうかを裁判長が審査（137条）した後、訴えられた人（被告）にその訴状が送られます（138条1項）。裁判は、裁判所において裁判官の前で、原告・被告が自己の言い分を主張・立証して進められます。この手続のことを「口頭弁論」といいます。

　この手続の第1回目を「第1回口頭弁論期日」といいます。少し聞き慣れない言葉かもしれませんが、互いの言い分を主張したり、証人を呼んで尋問して立証したりする手続を口頭弁論といいます。1回で終わる場合ばかりではありませんから、1回目を第1回口頭弁論期日、2回目は第2回口頭弁論期日、3回目は……、そして最後の回を「最終口頭弁論期日」といいます。

　さて、口頭弁論では、互いの言い分を主張していくわけですが、争いがある部分、そうではなくて互いに認めている部分など、それぞれの主張を整理して審理していかなければ、争いのポイントがはっきりしないで時間ばかりがかかってしまいます。たとえば、先の例①で、金を借りたこと自体は被告も認めて、ただ、利息の有無・額について争っているのに、原告が金を貸した事実を一生懸命、証人を連れてきて証明してみせても何の意味もありません。このように裁判では、争いとなっているポイントを整理するために、当事者が主張を出し合い、それを裏付ける証拠をそれぞれ収集し提出し合いながら、争点を絞り込んでいくことがとても重要です。これが、争点整理手続、証拠収集手続です。それをもとにして、集中的に証拠調べ（182条）をして、裁判所は、判決（243条以下）をします。これが、民事裁判の大筋です。だいたいこんな流れで進んでいきます。この流れを頭に入れておいて、今どのあたりの何の話をしているのかを確認しながら読み進んでください。

| キーワード | 口頭弁論 |

公開法廷で両当事者が対席し、受訴裁判所に対する口頭の陳述によって、それぞれの主張立証を行う審理の方式をいう。

第1章
概説

I 民事訴訟法とは何か

❶民事訴訟法の勉強の仕方

　民事訴訟法は手続法です。まず実体法と手続法について少しお話をしたいと思います。実体法とは権利・義務の発生、変更、消滅について定めた法律です。その権利・義務の発生、変更、消滅を裁判の手続の中で明らかにしていくことが必要になります。その裁判の手続を定めたものが手続法です。民事関係の裁判の手続を定めたものが民事訴訟法、刑事関係の裁判の手続を定めたものが刑事訴訟法となります。

　手続法は裁判の流れを勉強していかなくてはいけませんので、実体法とは違った観点や視点が必要になります。実体法である憲法、民法、刑法というのは、ある時点のある１つの事柄について、どのような人権が問題になっているのか、その権利・義務はどうなっているのか、ある瞬間においてどのような犯罪が成立しているのか、という、いわばある場面を縦割りに切って、その瞬間の一時点の権利関係・法律関係を明らかにしたものです。実際には私たちの生活は時間の流れの中で進んでいるのですが、その時間の流れをある時点で止めて考えるのです。その止まった時点において権利関係・法律関係はどうなっているかをみていくのが実体法のお話でした。

　ところが、訴訟法というのは、実際の裁判の手続の流れをみていきます。訴えを提起する、実際に審理をしていく、そして判決がでる、そういう時間の流れを追って手続をみていくことになります。ですから、これからの勉強は、時間の流れという新しい視点が必要になっていきます。時間の流れを追っていかなくてはなりません。時間の流れとは手続の流れということですが、それは全体としてはいわばシステムとして一貫した手続の

流れになっています。

たとえば、訴えを提起するという最初の段階のところでは、実は判決という最後の段階のことを考慮しながら訴えを提起するわけです。審理をしていく最中でも、どういう訴えだったか、どういう判決をだしてほしいのかを考慮しながら、その審理の過程が進んでいきます。ですから、手続の全体がわかっていないと、手続の細部もなかなかみえてこないのです。最初の訴え提起のところをいくら細かく勉強しても、判決のところがよくわからないと、イメージがもてなかったりします。早めに全体を見渡して、何度も何度も繰り返すこと、それが手続法の勉強のコツです。教科書を読むときでも、最初から１頁ずつ、１行１行丁寧に行間を読んでいく読み方でなく、ザッと読んでとにかく最後までいって、またザッと読んで、何度も繰り返すほうが効果的だと思ってください。最初のうちはよくわからないと思っていても、後のほうまでいくと、あ、そのことだったんだとわかることがたくさん出てきます。ですから、わからないことが出てきてもあまり気にしないで、手続全体の流れを繰り返し勉強すること、それが手続法を学んでいく上で重要です。

❷実体法と手続法との関係

「実体法」を裁判を通じて実現するためには「手続法」が必要です。私たちはこの手続法を勉強するということになります。たとえば、いくら民法上で土地の引渡しを求める権利が認められるからといって、相手が素直に応じてくれなければ、困ってしまいます。そこで、民事訴訟法が定める手続を通して民法を実現していく、ということになります。「民法を実現していく」、それが民事訴訟法です。

民事訴訟法で何を勉強していくのか、それはまさに民法や会社法・商法などの民事実体法を実現していくための手続を勉強していくわけです。民

法でいえば、民法上の権利が存在するかどうかを明らかにしていくのです。たとえば、売買代金債権があります。売買契約をしたので相手に対して代金を請求したい。ところが、相手は代金を一切払ってくれない。そこで、裁判所に訴えを提起して、売買代金債権を回収しようとします。そのときに、売買代金債権が本当にその人（原告）にあるのかを調べていこうということになります。ここで問題になること、それが民事訴訟法で扱う事柄です。

　では、手続の流れはおおまかにどのようになっているか、また民事訴訟
法では、どのようなことを勉強するのか、全体像をザッと簡単にみて、お
おまかな全体の流れを確認していきたいと思います。

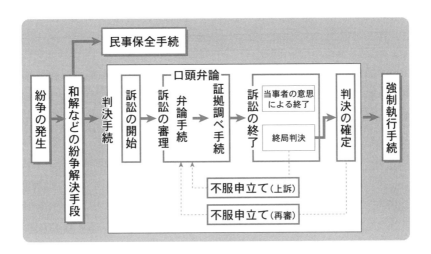

❶訴訟の主体

　さて、まず誰が訴訟を行っていくのか、民事訴訟に出てくる主体が問題
となります。1つは裁判所です。裁判所に訴えて裁判をしてもらうわけで
すから、当然、裁判所も民事訴訟の中で重要な役割を果たします。そこで最
初に、裁判所に関わるものを学習します。ここでは、裁判権があるのか、
管轄権（次頁「キーワード」参照）があるのか、どの裁判所・裁判官が裁
判をすることができるのか、そういった事柄を勉強します（⇒36頁以下）。
　それから、当事者（⇒43頁以下）です。原告と被告とよばれる2人が当

キーワード　民事裁判権
民事訴訟を処理するのに用いられる国家権力をいう。
判決の拘束力、執行力、証人の呼び出し、証拠物の
提出命令等は裁判権の作用である。民事裁判権の限
界の問題として、国際裁判管轄権という問題がある。

キーワード　当事者
自己の名において訴えま
たは訴えられることによ
って、判決の名あて人と
なる者をいう。

事者として出てきます。原告と被告という言葉は、これから頻繁に出てきますから、覚えておいてください。訴えを提起する人が原告、訴えられる相手方が被告、早めに常識にしておかないといけません。「被告」であって、「被告人」ではありません。間違っても被告人といってはいけません。被告人というと刑事訴訟法上で訴えられた人をさすことになります。法律上、被告と被告人はまったく別の概念です。マスコミ用語では被告と被告人を一緒に使っていることが多いのですが、法律上、被告と被告人はまったく別の概念ですから区別してください。民事訴訟法上は被告といいます。これに対して、刑事訴訟法上は被告人という言葉を使います。

では、どういう人たちが原告、あるいは被告になれるのでしょうか。また当事者が未成年や成年被後見人のとき、法定代理人を付けなくてはいけませんが、その法定代理人は何ができるのでしょうか。

また、皆さんが成年であるということになれば、1人で訴えを提起することもできます。しかし、自分自身が原告になって訴えを提起するときに、自分で訴訟をするといっても民事訴訟法をまだよく知らない、勉強をしはじめで不安だという場合には、やはり専門家に任せたいと思うでしょうから、普通は弁護士に頼みます。この弁護士のような者を狭義の訴訟代理人といいます。

❷ 訴訟の開始

さて、原告が訴えを提起することによって訴訟が開始されます（134条）。ここでは、どういう訴えの種類があるのか、訴えを提起するときの方式、また訴えを提起したらどのような効果が生じるのかなどを、勉強します（⇒58頁以下）。

キーワード **管轄権**

裁判権を具体的にどの裁判所が行使するかの問題。裁判権が、わが国の裁判所全体について抽象的に与えられる権限であるのに対する概念である。
管轄とは、諸種多数の裁判所間の裁判権の分掌の定めである。

❸訴訟の審理

　訴状が被告に送達（138条）されると、訴訟が裁判所に係属することになり、裁判所で審理していくことになります。どのようにして審理がなされるのかが、一番重要なところです。訴訟の審理の場面では、裁判所と当事者が適切な役割分担をしながら、訴訟が進んでいくことになります。裁判所と当事者が、どのような役割分担をしながら訴訟は進んでいくのかが、ここでの主なテーマになります。ここで事案を解明していくことになります。そして、当事者は弁論ということをやって、法廷でいろいろな事実を主張し証拠を提出しながら裁判が進んでいきます。このあたりは、いろいろ細かな項目が出てきます（148条以下。⇒84頁以下）。

　たとえば、当事者の弁論の内容、当事者の申立て、陳述、審理の方式に関する諸原則、口頭弁論の準備などです。法廷で口頭でいろいろやりあうこと、その法廷での審理を口頭弁論といいます。通常の公開の法廷での審理、その手続のことを口頭弁論（⇒4頁）といいますが、口頭弁論のための準備の手続などもあったりします（161条以下）。それから、期日において当事者が欠席した場合どうしたらいいかなど、審理の途中の手続に関することもここで扱います（158条、159条1項・3項など。⇒115頁以下）。

　その審理において、日本の裁判は証拠に基づいてなされることになっています。裁判において重要な証拠として、どのような証拠を使い、どんなふうに証拠調べを行うのかという証拠がらみの話が出てきます（179条以下。⇒127頁以下）。

　それから訴訟手続が停止するという場面もあります（124条、130条、131条。⇒134頁以下）。

❹訴訟の終了

　一応審理が終了しますと、訴訟は終了になるわけです。訴訟の終了とし

キーワード　法定代理人
その地位が本人の意思に基づかない訴訟代理人をいう。

キーワード　（狭義の）訴訟代理人
特定の事件ごとに本人から訴訟追行の委任を受け、そのための包括的な代理権を授与された代理人をいう。

て、(1)終局判決（243条、判決によって訴訟が終了する、もっともオーソドックスな終了の仕方）があります。このほかに、訴訟が終了する場合として(2)当事者の意思によって終了する場合があります。当事者の意思によって終了するのは、①訴えの取下げ（261条。⇒92頁）、②請求の放棄・認諾（266条。⇒93頁、94頁）および訴訟上の和解（267条。⇒94頁）ということになります。当事者が訴えを途中でもうやめるよ、と取り下げたり、請求したけれど、そんなものはいらないと放棄したりとか、さまざまな当事者の意思に基づく終了の仕方があります。あとは裁判の種類、判決の種類、そして判決の効力。ここは重要なポイントになります（⇒141頁以下）。

　判決の効力として、どのようなものがあるか。特に判決の効力の中では既判力が重要です。字をみればわかるように、既に判断した力、すなわち確定判決の後訴に対する拘束力をいいます。確定判決には後訴に対する拘束力が生じるのですが、それを既判力というのです。

　たとえば、売買代金の請求をします。裁判で訴えたら、その裁判に勝って、あなたには売買代金の請求権があります、ということを裁判所で認めてもらい、判決が確定します。それにもかかわらず、被告のほうから、あの判決は不服だと、もう1回同じ紛争を蒸し返される。それでは何のために裁判をして判決をもらったのかわからなくなります。ですから、いったん判決がでてそれが確定すると、もう蒸し返しはできない、という力を認めなければ紛争の解決にはなりません。その力を既判力といいます。

　いったん判決がでて確定すると、それと違う判決はできない、その判決に拘束されてしまうということです。当事者は既判力が生じた事項については再び争えなくなる、これが既判力の意味です。

　既判力は、①主体的範囲、②客観的範囲、③時的限界の3つの限界で画されます。あくまでも既判力は当事者にしか及ばない、これを①の主観的範囲といいます。憲法の違憲判決の個別的効力説と似た感じですね。原告

キーワード　既判力
確定判決の判断内容の後訴での通
用力または拘束力をいう。

と被告という実際に争った当事者にしか既判力の効果は生じないというのが人的限界、すなわち主観的範囲ということです。その争った事柄にしか、その拘束力は生じないというのが、物的限界、すなわち②の客観的範囲とよばれるものです。当該裁判で争った事柄については再び争えなくなるということです。あと③の時的限界はちょっと難しいので、おいておいてもいいでしょう。判決の効力には既判力以外にも、執行力、形成力があります（⇒147頁）。ここまでが基本形です。

　訴えを提起し、訴訟が開始され、訴訟の審理の手続があって、最後に判決によって訴訟が終了したり、当事者の意思によって訴訟が終了したりする、という基本的な流れを押さえておいてください。手形でいえば、手形の振出、裏書、支払いのようなものです。刑法でいえば、構成要件該当性、違法性、有責性のようなものと思ってもらっていいと思います。時間の流れを追った、訴訟の開始、審理、終了が基本の形となります。

　基本形に対して、応用が出てきます。刑法でいえば、修正された構成要件のようなものです。時間的な修正として予備とか未遂、人的な修正として共犯などがありましたが、❺訴訟客体の複数、❻訴訟主体の複数のところは修正形式です。今までは1人の人が、1人の相手に対し、1つの訴えをする、という基本形でした。刑法でいえば単独既遂犯のようなものです。これに対して、複数の訴訟として、複数の客体について争う場合（❺）、複数の人が争う場合（❻）があります。

❺訴訟客体の複数

　争っている事柄が複数ある、ということです。たとえば、建物の立ち退きを請求しながら、今までそこに居座っていた分の損害賠償請求もする、ということをしたりします。明渡請求と損害賠償請求の2つの請求をしているわけです。訴訟の客体の複数とは、複数の請求をする場合と思ってく

民事訴訟法の役割

皆さんは民事訴訟法についてどのようなイメージをもっているでしょうか。

民法と比べて地味で面白味のないものであるとか、ただ手続を定めたものにすぎないから、あまり重要性を感じないと思う人もいるかもしれません。

たしかに、民事訴訟法は複雑ですし、民法のように「慰謝料請求ができる」とか、「土地の明渡しが認められる」といったような、生活に密着した問題が出てこないため、理解しづらい面があります。また、実際の捜査の仕方や、刑事事件の手続などを規定している刑事訴訟法と比べて、民事事件の手続を定めているため、地味な印象もあります。このようなことから、「民訴は眠素」などという言葉もあるくらいです。

しかし、実は民事訴訟法は、民法と同じか、あるいはそれ以上に重要なものなのです。

たとえばここに、Ａ国とＢ国という２つの国があったとします。両国はともに社会が形成されており、法律によって規律されています。このうち、Ａ国には誰もが納得するような、公平な法律が施行されていますが、その実現のための手続法はとても公正なものとはいえないものです。これに対し、Ｂ国の実体法は不公正なものですが、手続法は公正なものが施行されています。この場合、どちらがより住みやすい国といえるでしょうか。Ｂ国の国民は、不公平な実体法に不満をもってはいますが、実体法に反する場合にはしっかり国により実体法どおりの内容が実現されるので、法が守られる、という点に関しては期待して生活ができるでしょう。他方、Ａ国の国民は、相手が実体法どおりに行動をしてくれればよいのですが、相手に法を破られてしまうとどうにもなりません。いわゆる、逃げ得を許すことになり、法を守ろうとする国民は少なくなってしまうでしょう。こうなると、いくら立派な法が施行されていても絵に描いた餅にすぎず、内容は公正なものであるにもかかわらず、法に対する信頼を失ってしまいます。

これはあくまで極端な例ですが、手続法が実体法と同じか、それ以上に重要だということはわかってもらえるかと思います。

ださい（⇒149頁以下）。

❻ 訴訟主体の複数

　主体が複数いる、つまり原告側が複数いたり、被告側が複数いたりする
場合もあります。たとえば、飛行機事故が起きたとき、同じ被害者の遺族
の人たちがみんなで航空会社に対して訴えを提起するときには、原告は複
数いたりします。同じ事件だからみんなで一緒にしたほうがいいじゃない
か、という場合です。ＨＩＶ薬害エイズ訴訟でも、原告団といって原告が
何人もいました。その原告たちが一緒に製薬会社や国に対して損害賠償請
求をする、これも原告が複数いる場合です。逆に被告が複数の場合も当然
あります。製薬会社が何社もある場合には、その複数の被告に対して訴え
を提起したりします。このように、原告、被告が複数存在する場合を訴訟
主体の複数といいます（⇒157頁以下）。

　❺や❻は修正形式で少し複雑になるので、２つを合わせて複雑訴訟とよ
ぶときもあります。修正形式、応用形式と覚えておいてください（38条以
下）。

❼ 上級審、再審手続

　そして、第一審の判決内容に不服があれば控訴、上告（⇒172頁）をし
て上級審での審理を求めることができます。基本形は第一審における訴訟
の終了までです。これに対して、確定判決に対し、その判決をした裁判所
の再審理を求めるものが再審（⇒174頁）です。

　これまで、売買代金請求権とか明渡請求権とか請求についてお話してき
ましたが、民事訴訟では、そのような権利があるかどうかを明らかにして
いきます。民事訴訟は目的と手段がきわめてはっきりしています。民事訴

訟の目的は、後に詳しく解説しますが、ある権利・法律関係が、今存在するかどうかを確認し、紛争を解決するという、きわめて単純なものです。たとえば、判決を書く直前の、口頭弁論の最終時点において原告が100万円の売買代金債権をもっているかどうか、そういう権利がその時点で存在するかどうかを確認することが、民事訴訟の目的なのです。

　それがあるかどうかを確認していく手続、それが民事訴訟の手続となります。売買代金債権、明渡請求権、損害賠償請求権などの、権利・法律関係の有無を確認していくのが民事訴訟です。

　これに対し、刑事訴訟は、権利・法律関係があるかどうかではなく、犯罪事実があるかどうかを明らかにしていくものです。民事訴訟と刑事訴訟は、よく似ていますが、根本的な目的が違っています。民事訴訟は権利があるかどうかを確認し、刑事訴訟では事実があるかどうかを明らかにしていきます。裁判において明らかにしていくもの、言い換えれば、裁判のテーマ、訴訟のテーマを訴訟物といいますが、民事訴訟における訴訟物は権利・法律関係、これに対して、刑事訴訟における訴訟物は事実、ということになります。

　もう一度確認しておきますと、おおまかな流れとしては主体の問題、訴訟の開始の問題、訴訟の審理が進んでいく際の問題、訴訟の審理が終結したときのさまざまな問題、それからもう１つ大きなテーマとして複雑訴訟、言い換えれば、訴訟物が複数の場合、それから主体が複数の場合をみていき、あとは上訴などの細かな手続をみていきます。これらを民事訴訟法でこれから勉強していくことになります。

III 民事訴訟法を考える際の視点

❶ 視点その1　民事訴訟法の目的は何か

> 裁判や訴訟手続はなぜ必要なのでしょうか。どのような裁判制度を設けることが、目的実現にふさわしいのか、考えてみましょう。

　民事訴訟法は手続法ということになりますが、裁判や訴訟手続はなぜ必要なのでしょうか。どのような裁判制度を設けることが目的実現にふさわしいのか、考えてみましょう。

　そもそも民事訴訟法の目的は何かということ自体については、教科書をみると民事訴訟制度そのものの目的論とともにいろいろな議論がなされています。民事訴訟法の本の最初のほうに出てくるのですが、非常に抽象的で難解で嫌になるくらいです。民事訴訟法は、最初のうちはとても抽象的な話で難しく、「民訴は眠素（眠りのもと）」と昔からいわれているくらいですが、民事訴訟法は何のためにあるのかを理解しておくことは、ある程度は必要です。そもそも法律は一般的に対立する利益の調整を目的としますが、いくつかの価値の実現をめざしています。次の①～③が民事訴訟法の目的といわれるもので、あわせて④～⑧に民事訴訟法の視点を並べましたが、このようなさまざまな価値の実現をめざしています。この中のいくつかの言葉は重要で、これからもキーワードとして頻繁に使うことになります。

①**権利保護**：国家が、自力救済を禁止する代償として、私人の権利の保護のために民事訴訟制度を設けているという考え方です。
②**私法秩序の維持**：実体法は訴訟法によって実現されます。民事訴訟によ

らなくても私人間では実体法は尊重されていますが、それは最終的には民事訴訟による実現が担保されているからなのです。

　民法や会社法・商法などの私法秩序を維持し実効を確保するために民事訴訟法があるのです。

③**紛争解決**：民事訴訟だけでなく調停・仲裁といった手続全般にあてはまりますが、私人間の生活関係における紛争を強制的に解決できることが必要です。

　➡紛争解決のための手段・道具だということ。③は重要です。民事訴訟法の目的を一言でいえば、それは紛争解決ということになります。

④**紛争解決モデルの提供**：紛争解決のための手続はいろいろありますが、当事者に主張・立証を行える主体的地位を与え、中立的な審判者が判断するという民事訴訟モデルは、歴史的経験から生まれてきた最善の紛争解決方法であり、他の手続にモデルを提供しています。

　➡民事訴訟法は紛争解決のための１つの手続で、ほかにもさまざまな手続がありますが、紛争解決のための１つの模範を示しているといわれます。

⑤**手続保障**：紛争解決方法として訴訟当事者に十分な手続保障の機会を与えることは、「手続的正義」として重要な価値を有します。現代のように価値が多元化している社会では、少数者にも言いたいことを言える機会を

保障する民事訴訟は、社会全体の調節弁であるとともに新たな思想に基づく発展の原動力となるのです。

➡紛争解決手段として、訴訟当事者に十分な手続保障の機会を与えることは、とても重要です。「手続的正義」は、憲法で学んだ法の支配や、憲法31条に通じる事柄です。憲法31条は刑罰に関する条文ですが、適正な手続というのは民事訴訟法でも重要です。「手続的正義」が大切ということです。民事訴訟の場面では訴訟物たる100万円の債権があるかないかが争われ、裁判所がその存否につき判決をだすわけですが、そのときの判決に国民は従わなければならないことになります。ここで、訴えられた被告、つまり100万円払う必要がないと主張している被告に対し、払えという判決がでて確定したとします。そうすると、被告は100万円を支払わなくてはいけません。払わないでいると強制執行されてしまいます（民事執行法22条１号）。ですから裁判で負けてしまうと、有無を言わせず、被告は払わなければなりません。

では、なぜ被告はその判決を納得することができるのでしょうか？それは、訴訟の手続において十分な反論ができたからなのです。思う存分反論した、それにもかかわらず負けてしまった、自分の主張は認められなかったのだから仕方ない、と渋々ながらも納得するだろうということなのです。

判決がでた以上、もう紛争を蒸し返すことはできない、と被告を納得させること、これは紛争を解決していく上で非常に重要な意味をもちます。手続保障がなされたからこそ被告は渋々ながらも従わなければならないわけです。それによって、紛争が解決されることになります。手続がきちんとしていなければ、被告は納得せず、「あんな裁判は無効だ」と争いたくなるのが普通です。

このように、手続を保障するということは、原告・被告を納得させ

る、そしてまた、裁判に対する信頼を確保する上で、非常に重要な意味をもっています。

⑥当事者間の「公平」・手続の適正：手続保障の内容ともいえますが、当事者を公平に扱い、適正な手続を行うことにより、結果に対する関係者の納得や受容が得られますし、結論自体も正当化されます。

➡⑤とほとんど同じことです。手続を保障するために、そして手続保障の内容ともいえますが、当事者を公平に扱うことが必要です。当事者の公平というところが重要です。裁判所としては、原告も被告も公平に扱う、これがとても重要なことです。なぜ公平が必要かといえば、手続保障のためと思っておいてください。適正な手続を保障し、しかも当事者の公平が保たれること、それがまさに手続的な正義、手続が保障されたということにほかならないのです。

⑦迅速：どんなに精密に組み立てられた手続でも、あまり時間がかかりすぎることは訴訟制度の価値（意義）を失わせます。現代のように時間のテンポが速くなっている社会では、民事訴訟に対して常に要求される目的のひとつです。

➡どんなに手続が適正に公平になされるとしても、裁判が100年もかかるとか、時間がかかりすぎれば訴訟制度の存在価値がなくなります。ある程度迅速に行われなければ国民の権利の救済になりません。そこで、民事訴訟がより迅速に行われるよう、民事訴訟法の改正が行われています。具体的には、まず、2003（平成15）年改正で裁判所が審理計画をつくること（147条の2以下）が、また、2004（平成16）年改正でインターネットを用いて裁判所への申立て（132条の10）や支払督促の手続（397条以下）を行うことが認められました。また、専門性の高い事件を迅速に処理できるよう、2003（平成15）年改正で専門家を裁判に関与させること（専門委員制度、92条の2以下）が、また、2004（平成16）年

改正で知的財産についての事件を専門に扱う裁判所支部として知的財産高等裁判所の設置が認められています。

　さらに、2022（令和4）年には、訴状等のオンライン提出や訴訟記録の電子化など民事訴訟手続の全面的なIT化などを目的とした改正民事訴訟法が成立しています。

⑧**訴訟経済**：民事訴訟は国民の税金でまかなわれ、人的・物的設備を要するものですから、費用も合理的な範囲内でかつ訴訟の重複はなるべく避ける必要があります。

　➡これも重要です。訴訟経済というのは、無駄がないように訴訟が経済的に合理的になされる必要があるということです。民事訴訟は国民の税金でまかなわれます。裁判官の報酬や裁判所の建物の建設費用も税金で支払われているわけです。国がやってくれるというのは、国民が税金を払ってやらせていることにほかならないのですから、無駄がないように、費用も合理的な範囲内で、かつ訴訟も長期化をなるべく避ける必要があるという意味です。別の言い方をすれば、裁判所という資源は有限であり、有効活用しなければいけないということです。本当に必要な訴えがきちんと解決できるように無駄をなくしていこうということです。

　たとえば、ある原告が100万円を払ってくれという裁判をしたいと思い、東京地方裁判所に訴えを提起したとします。しかし、東京地方裁判所の裁判官はなかなか訴えを認めてくれないと聞いている。そこで、東京だけでは不安なので同じ事件の訴状を大阪地方裁判所にも出しておこう、どうせなら全国でやってみよう、と何百件と同じ訴訟を裁判所に提起したとします。こんなことは認めるべきではないですね。訴訟経済に反するということになるからです。

　⑦と⑧は原告・被告に対して厳しい方向ではたらく感じがします。これに対して、手続保障（⑤）とか公平（⑥）とか紛争解決（③）などは、原

告・被告という当事者にとって有利な方向にはたらくというイメージです。①から⑥までの要請と⑦⑧の要請の調和が民事訴訟法では１つのテーマになると思っていてください。③、⑤、⑥、⑧はキーワードとして特に重要なので覚えてください。

　以上の中で特に大切なのは③の紛争解決です。民事訴訟法の目的を一言でいえば、紛争解決だと思ってください。

❷視点その２　私的紛争の公権的解決という視点

> 　紛争に巻き込まれた場合、いろいろな解決方法があるらしいが、裁判制度を利用することにしようと思っています。ところで、訴えを提起して、判決をもらうとなぜ紛争が解決するのでしょうか。「判決をもらう」といっても、紙切れにすぎないはずです。
> 　なぜ紛争が解決するのか考えてみましょう。

　紛争の解決のために民事訴訟という制度を使いますが、どうしてそれが解決につながっていくのか、またどのようにして紛争を解決するのでしょうか。

　私的紛争を公権的、強制的に解決する、これが民事訴訟です。これを覚えてください。私的な紛争に対する、公権的、強制的な解決。特に「私的紛争」という部分と「公権的」というところが重要です。「強制的に解決」、というのは、最終的には強制執行により権利が実現されるから、有無を言わせず解決されるという意味です。民事訴訟では私的紛争の公権的解決という役割を認識しておくことが重要です。特に「私的」vs「公的」という視点が大切です。どういうことかといえば、民事訴訟で問題となるのは、「民事」訴訟法というくらいですから、「民事」関係の権利・義務です。民法とか商法とかの世界での権利・義務となります。

たとえば、民法上の権利というのは、売買代金債権だろうが貸金債権だろうが土地明渡請求権だろうが、皆、国家権力の介入などを受けることなく、当事者が自由に契約を結ぶことで取得するのであり、自分の意思によらずに権利を取得したり、義務を負ったりすることはありません。その私的自治が民法の世界では１つの重要な基本的な考え方です。ですが、民事訴訟とは民法上の私的な権利関係を裁判所という公的な機関を使って解決しようとする手続です。

　ここで問題なのは、私的自治の尊重という要請と、適正手続や訴訟経済という公的なものとの調和の要請とは、ある意味で、水と油とを混ぜ合わせるような側面があるということです。一方では、私的な権利であるから、私的自治を貫いて、どんなふうに解決してもいいじゃないか、しょせん私的なものだ、当事者の勝手だ、という要請があるかもしれません。しかし他方で、裁判所という公的な機関を利用するのだから、当事者の勝手に任せるわけにはいかない、手続をきちんと決めて、当事者に従わせなくてはいけない場面もあります。また、税金を使って裁判所という公的な機関が判断するのだから、無駄があってはいけない、という先ほどの訴訟経済や迅速性の要請や、また裁判に対する国民の信頼という面からは、適正手続の要請など、さまざまな要請が出てきます。

　民事訴訟の手続は私的と公的の２つの間の緊張関係がいろいろな場面で出てくるわけです。それはなぜかといえば、私的紛争を公権的に解決する手続だからなのです。当事者の自由に任せるべきだ、いや任せるべきでないという両者の緊張関係の調整が、これからいろいろな場面のところで論点として出てきます。当事者の自由に任せるべきということは、当事者に主導権をもたせるべきだという要請です。また、公の手続という面では、裁判所はどのような役割を果たすべきかという要請になって出てきます。先ほどちょっと述べたとおり、民事訴訟の主体は裁判所と、原告・被告と

いう当事者の２つですが、当事者に主導権を握らせるべきだという場面と裁判所に主導権を握らせるべきだという場面があります。つまり「私的」を重視するのか、「公的」を重視するのか、場面によって違ってくるのです。私的な権利を公的に解決するという要請があるものですから、私的を重視するか、公的を重視するか、場面によって変わってくるのです。

　つまり、裁判所と当事者の役割分担の発想が、民事訴訟の流れの中でも出てきます。しかも、流れの場面ごとに違ってくるわけです。この場面では当事者にイニシアティブをもたせるべきだ、この場面では裁判所にイニシアティブをもたせるべきだ、と場面ごとに違ってくるのです。場面ごとの役割分担をきちんと勉強していくことが重要です。

　この場面においては、むしろ当事者が主導権を取っていくべきである、なぜなら、それは私的な権利の紛争解決のための手続だからだとか、ある場面のところでは、これは裁判所が主導権を握るべきである、なぜなら、訴訟経済や迅速性の要請に応えるために、無駄を省いた訴訟手続をしていくべきだからだ、というような視点です。このように、「私的」vs「公的」という視点はとても大切だと思ってください。

　先ほどの①から⑥までと⑦、⑧との調整が１つ目の視点で、それと裁判所が主導権を握るのか、当事者が主導権を握るのかという調整が２つ目の視点です。民事訴訟手続を考える上で、とても大切な視点だということを覚えておいてください。

❸視点その３　どのようにして紛争を解決するのか
（１）裁判所が権利の存否を判断する

　さて３つ目の視点・観点になりますが、紛争解決はどのようにして行われるのか、具体的にどのような手順をとって行われるのかということに関するものです。すでに述べたとおり、民事訴訟の訴訟物、裁判のテーマは

権利・法律関係です。権利・法律関係があるかどうかが問題になります。たとえば、100万円の売買代金債権が原告に認められるかどうかが民事訴訟のテーマ、訴訟物になります。その売買代金債権という権利の存否を裁判所が判断しますが、そこで問題となるのは、今現在100万円の債権があるかどうかということなのです。

しかし、今現在その債権、すなわち100万円を請求する権利をもっているかどうかは直接には調べられません。そこで、民事訴訟法では、どういう調べ方をするかというと、まず「その債権が過去に発生したか」、そして「現在まで消滅していないか」という組み合わせで、今現在売買代金債権が存在するはずだ、と判断していくわけです。

過去に売買代金債権が発生し、今まで消滅したことがないということを明らかにすることによって、今、売買代金債権があるかどうかを判断するのです。すなわち権利が発生したのか、消滅していないのかを裁判所が判断していくことになるのです。

（２）権利の存否の判断の４つのステップ

①第１ステップ

紛争解決は、権利・法律関係の存否、すなわちそこで請求されている権利・法律関係が存在するかどうかを裁判所が判断することで行われます。これが第１番目のステップです。

第１ステップ	紛争の解決は、権利、法律関係の存否を判断することによって行われる

１番目のステップとして、今、権利・法律関係があるかないかを判断するわけです。裁判というのは実際には何か月もかかったりしますので、もっと正確に言えば、訴えを提起して、「それではこれで審理を終わりま

す。次回は判決を言い渡します」という、判決を言い渡す直前の、審理の最後の時点（これを口頭弁論の終結時といいます）、その時点で権利・法律関係があるかないか、ということを明らかにするのです。

②第2ステップ

　それでは、「今、権利・法律関係があるかないか」をどのようにして判断するのでしょうか。それは第2番目のステップとして、過去に発生して今まで消滅していないということの組み合わせによって明らかになります。それによって、今、権利・法律関係があるということがはっきりするのです。

第2ステップ	当該権利が発生していたか、そして現在その権利・法律関係が消滅していないかを判断する

　過去に権利が発生して、今現在まで、その権利が消滅していない、ということがいえたならば、今現在、権利が、代金債権があるということが明らかになります。

③第3ステップ

　次に、過去に発生したということは、どのようにして判断するのでしょうか。権利・法律関係が発生したということは、いわば実体法の世界では「効果」になります。売買代金債権が過去のある時において発生しました、ということは、その過去の時点における「効果」になるわけです。

　では、売買代金債権の発生という「効果」を満たす「要件」は何でしょうか。これは原告が被告との間で売買契約を締結したことです。したがって、過去のある時点で売買代金債権が発生した、ということをいうためには原告が被告との間で売買契約を締結したこと、言い換えれば、申込みと承諾が合致したということを主張していくことになります。原告が被告との間で売買契約を締結した、申込みと承諾が合致したということは、過去

の事実です。一方、売買代金債権が発生したということは（原告が被告との間で売買契約を締結したことの）効果です。効果自体は目に見えないものですから、効果だけをいくら証明しようとしても、わからないわけです。そこで、その効果が生じるための要件となる事実があったということを明らかにすることによって、売買代金債権が発生したということを主張していくわけです。

第3ステップ	権利を発生させる要件に該当する事実の有無を判断していく

売買代金債権の発生という効果が生じるための要件は何かというと、原告が被告との間で売買契約を締結したことです。その要件にあたる事実（＝要件事実）があったかどうかが問題になります。

④第4ステップ

この要件事実があれば法律効果が生じますが、その事実がはたして本当にあったかどうか、原告が被告との間で売買契約を締結したことという事実があったかどうかは、直接にはわからないわけです。では、どうしたらわかるのかというと、それはそういう事実があったことをうかがわせる証拠によって、事実があったということが明らかになるだろう、ということです。

第4ステップ	要件事実の有無は証拠によって判断される

これを4番目のステップとしておきましょう。

民事訴訟の手続は今のように段階をさかのぼっていきます。そして、実際の裁判は4番目のステップから積み上がっていって、1番目のステップの権利・法律関係があるかどうかがはっきり決まってくるのです。

29頁に図を描いておきました。上から訴訟物の有無、これが1番目のス

キーワード 要件事実
実体法に規定された法律効果の発生要件に該当する具体的事実をいう。

テップになります。たとえば、売買代金債権の存在です。売買代金債権が存在するかどうかは、２番目のステップで権利の有無によって決まります。権利の有無というのは権利の発生、変更、消滅です。売買契約によって売買代金債権が発生した、あるいは弁済によって債権が消滅したということが２番目のステップとなります。売買契約によって売買代金債権が発生したかどうかは３番目のステップです。要件事実の有無によって判断されるわけです。この場合、要件事実というのは原告が被告との間で売買契約を締結したということです。原告が被告との間で売買契約を締結したかどうかは、証拠の有無、これはたとえば、契約書の存在によって決まるということ。これが４番目のステップになります。

　ですから、契約書の存在によって、原告が被告との間で売買契約を締結したという要件事実が明らかになります。要件事実が存在して、弁済等の抗弁事実もないという場合には、最終的に訴訟物として、売買代金債権が現在も存在しているということが明らかになります。

　このようにして民事訴訟手続が進んでいきます。民事訴訟を勉強する際の３つ目の視点というのは、この１番目から４番目のステップのどこの勉強をしているのか、どこを議論しているのかを明らかにすることです。

　ちなみに、４つのステップに名前を付けておきます。１番目のステップの訴訟物の有無、これを「請求」、「請求の問題」、「訴訟物」などといったりします。売買代金債権や物権的請求権などです。２番目のステップの権利の有無、権利が発生、変更、消滅しているかどうかですが、これは「法律上の主張」のことです。３番目のステップの要件事実の有無、これが「事実上の主張」です。４番目のステップの証拠によって証明するというのは、「立証」です。この４つのレベルのどこの話をしているのか、どこの議論が今問題となっているのかを明確にすることが民事訴訟を勉強していく上で、３つ目の重要な視点となります。

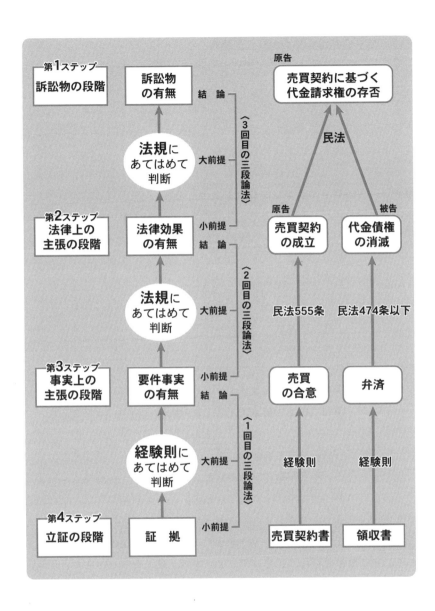

最後に、4つのステップと民事訴訟における三段論法についてお話します。

まず、民事訴訟においては、裁判所は証拠の有無（第4ステップ）、たとえば、契約書の有無によって要件事実の有無を明らかにするわけです。証拠の有無から要件事実の有無にかけての判断は三段論法による判断をしています。経験則にあてはめるという三段論法です。

経験則という大前提に証拠の有無という小前提をあてはめて要件事実の有無という結論を出しているのです。そこでは1つの三段論法が行われています。契約書があれば普通は売買契約をしたと裁判官は判断するわけです。それは裁判官の頭の中に、契約書があるならば、通常、売買契約が行れたはずだという経験則があるからです。一般論として契約書があるならば、原告が被告との間で売買契約を締結したはずだとの経験則という大前提があって、今回の事件は契約書が出てきたという小前提たる事実があって、それを大前提にあてはめると、契約書があったのだから、今回も原告が被告との間で売買契約を締結したという事実があったんだなという結論が出てくるわけです。

次に、要件事実の有無（第3ステップ）についてです。要件事実の有無が小前提で、権利の有無が結論です。では大前提は何か、それは法規、法律です。法規にあてはめて、結論を出すのです。要件事実の有無という小前提を法律という大前提にあてはめて、権利の有無という結論を出しているのです。ここでも三段論法が行われることになります。法規は、民法とか商法とかの実体法です。原告が被告と売買契約を締結すれば、売買契約が成立し、売買代金債権が発生するという法規範があるわけで、それにあてはめたわけです。別の言い方をすると、先に説明した3番目のステップがここでは要件であり、2番目のステップは効果になっています。要件効果を定めたものが法規にほかなりません。法規範にあてはめて権利の有無

キーワード **三段論法**
大前提に小前提をあてはめて結論
を導く手法をいう。

を判断します。つまり、３番目のステップの要件事実の有無を法規範にあてはめると、２番目のステップの権利の発生という効果が生じます。二段階の三段論法を使って訴訟物の有無を判断していくということを覚えておいてください。

　４番目のステップでの三段論法の大前提は経験則、３番目のステップの三段論法の大前提は法規範です。そして、権利の発生、更には消滅していないというさまざまなことが組み合わさって、最終的に今現在、権利がある、売買代金債権があるという、その訴訟物の有無がはっきりするという手続をたどるということになります。

　民事訴訟法ではこれからいろいろ細かなことを説明しますが、基本はこの手続の話です。

訴訟費用

憲法で勉強したように、民事裁判などの「裁判を受ける権利」は、憲法上の権利です（憲法32条）。そして、民事裁判制度はこうした「裁判を受ける権利」を実現するため、国家の予算で運営される国家サービスの1つですから、民事裁判を受けるための費用は無料でもよさそうです。しかし、「民事訴訟費用等に関する法律」では、他の国家サービスと同様に、民事裁判制度の利用者には訴訟に要する費用の負担を求めています。これを訴訟費用といいます。訴訟費用は、当該訴訟の追行および審判のために直接費用なものとして当事者および裁判所が支出した費用のことで、その内容は大きく、裁判費用（手数料〔印紙の貼用〕・手数料以外の費用〔証人・鑑定人の旅費・日当・宿泊料・検証の費用、送達等のための郵券代など〕と、裁判外費用（訴状その他の書類の書記料、当事者の旅費・日当・宿泊料など）とに分かれます。

こうした訴訟費用を誰がどのような割合で負担するかについては、民事訴訟法に定めがありますが（61条から74条まで）、原則として敗訴当事者が負担することになっています（61条）。敗訴の当事者が相手方の訴訟費用を含めて負担するのが原則なのです。これを訴訟費用の「敗訴者負担の原則」といいます。ただ、それでは、こうした訴訟費用を負担することができない者は民事訴訟制度を一切利用することができないのでしょうか。そうではありません。民事

訴訟法は、訴訟の準備および追行に必要な費用を支払う資力がない者やその支払により生活に著しい支障を生ずる者に対し、民事訴訟制度の利用を容易にするため、訴訟上の救助（82条以下）の制度を設けています。また、これを補うものの1つとして、日本司法支援センターによる費用の立替えが行われています。「裁判を受ける権利」を担保するための制度が設けられているのです。

ところで、民事訴訟を提起したり、訴えられたりした場合には、弁護士に依頼することがありますが、そのための弁護士費用はだれが負担するのでしょうか。先に述べた「民事訴訟費用等に関する法律」では、弁護士費用は訴訟費用として定められていないので、「敗訴者負担の原則」が適用されません。ですから、民事裁判で勝訴した当事者も、自己の負担した弁護士費用を相手方に対し請求して回収することはできないのです。このような制度・運用については批判もありますが、他方で、弁護士費用についても敗訴者負担の制度を導入してしまうと、勝訴の見込みの立たない事件について訴訟提起がちゅうちょされるという危険が生じてしまい、かえって「裁判を受ける権利」を制約してしまうことになりかねません。実際、司法改革の一環として、2004年に弁護士費用の一部を訴訟費用にすべきとの法案が提出されましたが、多くの反対意見があり、廃案となりました。

理解度クイズ①

1　次のうち、民事訴訟において一般に目的とされない価値はどれか。

　① 権利保護

　② 訴訟経済

　③ 紛争解決

　④ 手続保障

　⑤ 和解促進

2　民事訴訟による紛争の解決について誤っているものはどれか。

　① 私的紛争を公権的強制的に解決

　② 紛争解決は権利の存否を裁判所が判断

　③ 権利の有無の判断がつかない場合は判決自体を回避できる

※解答は巻末

第2章
訴訟の主体

I 裁判所

II 当事者

Ⅰ 裁判所

❶裁判所とは

　裁判所というと建物をイメージしてしまいますが、それだけではなく、裁判をする１つの単位を民事訴訟法では裁判所といいます。地方裁判所ならば１人または３人の裁判官が裁判所を構成します。最高裁判所ならば５人または15人。最高裁判所大法廷は15人の裁判官で構成されます。裁判官がたった１人でも裁判所です。裁判官が１人で裁判所を構成する場合を単独制、複数人の裁判官が裁判所を構成する場合を合議制の裁判所といいます。

　テレビで法廷が映って、１人とか３人とか裁判官が座っていたりしますが、その座っている裁判官で１つの裁判所を構成しているのです。

　ところで、東京地方裁判所や大阪地方裁判所のような大きな裁判所では、１つの建物の中に、民事１部、民事２部、とよばれるたくさんの裁判所があります。そこに事件がどんどん配分されていく形になっています。

　このように、裁判所の建物の中には、裁判の単位としての裁判所がいくつも入っているところもありますが、これからのお話では、主に裁判をする１つの単位のことを裁判所といっていきます。

　さて、裁判所の手元にある事件についてその裁判所が審理し、判決してよいのかどうか、民事裁判権と、管轄権（４条以下）が問題になります。また、あくまで１人の人間である裁判官がその事件について公正を疑われないように審理・判決がなされなければなりませんから、裁判官の除斥（23条）・忌避（24条）・回避（民事訴訟規則12条）の制度が設けられています（⇒39頁以下）。裁判の公正と国民の信頼を確保するためのものです。

　裁判の公正と国民の信頼を確保するためのさまざまな制度の概略をここ

ではみておきましょう。

❷民事裁判権、管轄権

　裁判所がある訴えについて裁判をするためには、裁判所がその訴訟について裁判権をもつことと、管轄権をもつことが必要です。民事裁判権とは、民事訴訟を処理するのに用いられる国家権力のことです。たとえば、判決の拘束力が及ぶかとか証人を呼びだせるかとか、そのようなものを民事裁判権といいます。わが国の民事裁判権は、外国の元首や外交官などの例外を除いて、原則として日本国内にいるすべての人に及びます。

　そして、裁判権が及ぶことを前提として、具体的にどの裁判所が裁判権を行使するのかが、管轄権の問題です。どの裁判所に訴えを提起したらいいのかという問題です。

　たとえば、東京に住んでいる人が東京に住んでいる被告に対して100万円の代金を払えというときには、どこの裁判所に訴えを提起したらいいのでしょうか。東京地裁に提起すべきなのでしょうか？　大阪地裁に提起すべきなのでしょうか？　東京の人が大阪に住んでいる被告に訴えを提起するときはどうしたらいいのでしょうか？　このような問題が出てきますが、これが管轄権の問題なのです。どこの土地の裁判所に訴えを提起すべきかという場合は、土地管轄といったりします。全国に何百も裁判所がありますから、どこの裁判所に訴えを提起するのかを決めていくのが管轄権の問題ということです。

　土地管轄の規定について、民事訴訟法の条文をみてみると、たとえば4条では、訴えは被告の住所または主たる事務所という本拠地に所在する裁判所に提起するなどとなっています。

▶▶▶**第 4 条**（普通裁判籍による管轄）

　①　訴えは、被告の普通裁判籍の所在地を管轄する裁判所の管轄に属する。

　②　人の普通裁判籍は、住所により、日本国内に住所がないとき又は住所が知れないときは居所により、日本国内に居所がないとき又は居所が知れないときは最後の住所により定まる。

　③　大使、公使その他外国に在ってその国の裁判権からの免除を享有する日本人が前項の規定により普通裁判籍を有しないときは、その者の普通裁判籍は、最高裁判所規則で定める地にあるものとする。

　④　法人その他の社団又は財団の普通裁判籍は、その主たる事務所又は営業所により、事務所又は営業所がないときは代表者その他の主たる業務担当者の住所により定まる。

　⑤　外国の社団又は財団の普通裁判籍は、前項の規定にかかわらず、日本における主たる事務所又は営業所により、日本国内に事務所又は営業所がないときは日本における代表者その他の主たる業務担当者の住所により定まる。

　⑥　国の普通裁判籍は、訴訟について国を代表する官庁の所在地により定まる。

　ちなみに、民事訴訟法の条文は、第 1 編から第 8 編まであり、全402条あります（枝番号を除く）。第 1 編の総則はすべての場面に適用されます。そして第 2 編から第一審の訴訟手続について、という構成になっています。134条から第一審の訴訟手続が出てきます。では、総則と第134条以下の第一審の手続とは別なのかというと、そんなことはなく、要するに総則というのは第一審にも、第二審にも、第三審にも適用されるという意味で総則なのです。私たちは通常、第一審の手続を勉強するのですが、第一審の手続の中で第二審や第三審にも共通する部分は総則に抜き出されているのです。因数分解のときのように共通項をくくり出したものが総則になってい

るのです。

　しかも、共通項だけ前にくくり出しているわけですから、条文があっちにいったりこっちにいったりします。そこがちょっとわかりにくいのですが、このことは頭に入れておいてください。

❸裁判官

　裁判所とは、主に裁判をする１つの単位を意味することは先にお話しました。そして、その裁判所は、裁判官によって構成されます。裁判官でない者によって構成された裁判所で行われた裁判は無効です。さらに、具体的事件との関係では、裁判官といえども、公正・中立な第三者と思われない場合があります。その場合に、裁判の信頼を維持するために、事件と関係がある裁判官を裁判所の構成員から排除していく制度として除斥、忌避および回避という制度があります。

（1）除斥

23条に除斥原因が書いてあります。

▶▶▶第23条（裁判官の除斥）

　①　裁判官は、次に掲げる場合には、その職務の執行から除斥される。ただし、第６号に掲げる場合にあっては、他の裁判所の嘱託により受託裁判官としてその職務を行うことを妨げない。

　１　裁判官又はその配偶者若しくは配偶者であった者が、事件の当事者であるとき、又は事件について当事者と共同権利者、共同義務者若しくは償還義務者の関係にあるとき。

　２　裁判官が当事者の４親等内の血族、３親等内の姻族若しくは同居の親族であるとき、又はあったとき。

　３　裁判官が当事者の後見人、後見監督人、保佐人、保佐監督

> **キーワード　除斥**
> 法定の事由により、法律上当然に裁判官を職務執行から排除する制度をいう（23条）。

人、補助人又は補助監督人であるとき。

　　4　裁判官が事件について証人又は鑑定人となったとき。

　　5　裁判官が事件について当事者の代理人又は補佐人であるとき、又はあったとき。

　　6　裁判官が事件について仲裁判断に関与し、又は不服を申し立てられた前審の裁判に関与したとき。

　②　前項に規定する除斥の原因があるときは、裁判所は、申立てにより又は職権で、除斥の裁判をする。

　法定の事由により、裁判官が法律上当然に職務執行、つまりその事件を担当できなくなってしまう場合があるということです。法律上当然にというところを強調しておいてください。

　要するに、公平な裁判ができないんじゃないかと思われるような場合を法律上類型化して、こういうときにはその裁判の担当裁判官になってはいけないと法律上決めているわけです。

　たとえば、100万円の売買代金請求のときの被告自身が裁判官だった場合です。自分が何かを買ったにもかかわらず、代金を払わずに踏み倒してしまった裁判官がいたとします。それで訴えられたわけです。自分が被告になっていて、自分が裁判をすることは、どう考えてもおかしいですね。それから裁判官が当事者の夫や妻だった場合の裁判など、明らかに裁判の公正さについて国民が疑うであろうと思われるような場合は、あらかじめ法律上その裁判を担当できないことになっています。それを除斥とよびます。

（2）忌避

　次に、忌避についてです。24条をみてみましょう。

キーワード 忌避
裁判官が除斥原因以外の事情に基づき、当事者の申立てにより裁判で職務執行ができなくなる場合をいう（24条）。

▶▶▶**第24条**（裁判官の忌避）

　①　裁判官について裁判の公正を妨げるべき事情があるとき
は、当事者は、その裁判官を忌避することができる。

　②　当事者は、裁判官の面前において弁論をし、又は弁論準備
手続において申述をしたときは、その裁判官を忌避することがで
きない。ただし、忌避の原因があることを知らなかったとき、又
は忌避の原因がその後に生じたときは、この限りでない。

「裁判官について裁判の公正を妨げるべき事情があるときは、当事者
は、その裁判官を忌避することができる」とあります。

当事者の申立てにより、というところが重要です。当事者が、この裁判
官はきちんとした裁判をしてくれるのか疑わしいと思って、その裁判官が
その事件を担当することができなくなるよう裁判所に申し立てることを忌
避とよびます。

（3）回避

これは裁判官がみずからその事件の担当を降りることです。

これは、たとえば、除斥の事由とは全然関係はないけれど、実は被告に
なっているのが学校時代の親友なので、事件を担当するのはちょっとまず
いんじゃないかと考え、自分で担当を降りるような場合が回避とよばれる
ものです。

▶▶▶**民事訴訟規則第12条**（裁判官の回避）

　裁判官は、法第23条（裁判官の除斥）第1項又は第24条（裁判
官の忌避）第1項に規定する場合には、監督権を有する裁判所の
許可を得て、回避することができる。

除斥、忌避、回避——この3つは裁判の公正と国民の信頼を確保するた
めのものだという、その趣旨だけは覚えておいてください。

キーワード **回避**
裁判官がみずから除斥・忌避の原
因があると考えたときに、監督者
の許可を得て、自発的に職務執行
から身を引く場合をいう（民事訴
訟規則12条）。

実体法と手続法

民法や刑法などの実体法によって発生する権利義務を実現するための手続を定めたものが、民事訴訟法や刑事訴訟法などの手続法です。

手続法は実体法を実現するための手段ですから、対応する実体法と密接な関係性を有しています。そのため、実体法と手続法では、その原則や理念などの共通点が多くなるという特色があります。

たとえば、Ａさんがものっていた自動車を販売したとしましょう。そうすると、民法によって自動車の売買契約に基づく、ＡさんのＢさんに対する100万円の支払請求権が発生します。このとき、Ｂさんが素直に100万円を支払えば、当事者間に争いがないので、民事訴訟の出番はありません。では、Ｂさんが「車のブレーキに欠陥があったため、修理に10万円かかってしまった。だからＡさんには90万円しか払わない」と言ってきたらどうなるでしょうか。この場合でも、ＡさんとＢさんが話し合いによってお互いに納得するなど、当事者が裁判による解決を望まなければ民事訴訟の出番はありません。これは、民法という実体法の大原則である「私的自治の原則」が、手続法たる民事訴訟においても反映されているからです。「私的自治の原則」とは、「自分のことは自分でやるから、他人は口をはさまないでくれ」ということです。先の例で言え

ば、仮にＢさんの主張するようなブレーキの欠陥がなかったとしても、当事者であるＡさんが「欠陥はなかったと思うけど、10万円値引くぐらいかまわないかな」と納得しているのであれば、裁判所が介入して真実と違うから100万円支払え、とは言えなくなるのです。

では、これが刑事訴訟であればどうなるでしょうか。たとえば、ＣさんがＤさんの財布を盗んだとします。このとき、Ｃさんには、実体法である刑法によって10年以下の拘禁刑または50万円以下の罰金に処せられます。この場合、たとえＣさんが窃盗事実について争っていなかったとしても、Ｃさんに刑罰を科すには必ず裁判が開かれます。これは、実体法たる刑法においては、人権保障と法益保護という理念があり、その手続法たる刑事訴訟法にも人権保障と真実発見の要請がはたらいているため、私的自治の原則が排除されているからです。ですから、たとえ当事者であるＣさんと検察官が互いに納得していたとしても、裁判所は裁判により犯罪事実の有無を判断し、刑罰権の存否を確定しなければなりません。

このように、手続法はその対応する実体法の原則、理念が強く影響しますので、勉強する際には、実体法を意識することが理解を助けるポイントとなります。

Ⅱ　当事者

❶当事者の意義

　当事者とは、自己の名において訴え、または訴えられることによって、判決の名あて人となる者をいいます（⇒9頁）。特に最後の判決の名あて人になる、というところを強調しておいてください。判決の名あて人になるというのは、電子判決書に名前が載って、判決の効力を受けてしまう人だと思ってください（115条1項1号）。名あて人というのは、誰に向かって、その判決がだされたのかということです。

　たとえば、「被告は原告に100万円支払え」という判決がでたとします。そのときに100万円を支払わなければならなくなる人が被告です。払ってもらえる人が原告です。民事訴訟では特定の当事者間の紛争処理を行うので、対立する当事者の存在が不可欠です。これを二当事者対立の原則といいます。対立する二当事者である原告と被告がいなければ裁判は成り立ちません。

　そもそも民事訴訟の目的の中でも大切なのは、紛争の解決です。紛争というのは二当事者がいて初めて紛争になるわけです。1人で騒いでいても、そんなものは紛争ではありません。それは、騒がしいなというだけの話で、紛争として、国がわざわざ税金をかけて解決する必要はないのです。

　このように、必ず二当事者が対立していなければいけない、ということになっています。この二当事者対立構造は当然のことなのですが、覚えておいてください。たとえば、死者に対して訴えを提起するというのは二当事者が対立してないじゃないかという話になったりするわけです。

❷ 当事者の確定

（1）死者の場合

> あなたは貸した金を取り戻そうと、借主である伊藤一郎氏の名前を被告として訴状に書いて訴えを提起しましたが、伊藤一郎氏はすでに死亡していました。あなたが提訴した訴えでは、誰が当事者になるのでしょうか。

　被告として訴状に名前を書いた伊藤一郎氏は死んでいました。では相続人が被告になるのでしょうか、誰が被告になるのでしょうか。

　その前にまず、どのようにして当事者を確定するのでしょうか。その確定の基準が問題になりますが、訴状の記載内容を合理的に解釈して決すべきとするのが表示説です。表示説という立場でいこうというのが通説的な考え方です。訴状というのがあります。訴えを提起するときは訴状という紙切れを裁判所に提出します（134条1項）。ただし、2022（令和4）年改正により、インターネットを用いてオンラインで訴えの提起等が可能となりました（132条の10第1項）。その訴状という紙切れに書いてある名前の人、その人が当事者ということになります（134条2項1号）。これなら客観的にはっきりするし、明確じゃないかということです。やはり客観的に画一的に判断できたほうが手続は安定するという要請からです。ですから上のケースで誰が被告かと聞かれたら、訴状に書いてある伊藤一郎氏が被告になるわけです。ですから、あなたは伊藤一郎被告に訴えを提起したということになります。

　しかし、この場合は当事者たる被告、伊藤一郎氏は死んでいますから、二当事者が対立していないことになるので訴えは却下されることになります。このように、訴状に記載された人が当事者になるということは、次の氏名冒用訴訟の場合も同様です。

（2）氏名冒用訴訟

　氏名冒用訴訟とはどういうことかというと、他人の名前を勝手に使って裁判をやってしまうことです。たとえば、甲が乙という嘘の名前、たとえば、友達の名前を使用して原告として訴えを提起した場合、さてそのときに誰が原告なのでしょうか。法廷に出てきているのは、もちろん甲です。でも、訴状に原告として書いてあるのは乙という名前です。これは表示説でいえば表示された乙が原告となります。したがって、判決がだされ、これが確定すると、判決の名あて人として乙に判決の効力が及んでしまいます。乙は名前を勝手に使われただけで、法廷にも行ったことがない。でもその乙が判決の効力を受けてしまうことになるわけです。後で乙がおかしいじゃないかと結論をひっくり返すためには再審（338条1項）という手続で争うしかありません。これが通説的な考え方です。

❸ 当事者能力

（1）当事者能力とは

　さて、民法を勉強したときに意思能力とか権利能力とか行為能力という言葉が出てきましたが、これらは民法上の契約などをするときに、はたして主体としてきちんとした能力があるかどうかという問題でした。裁判という手続の中でも、当事者が訴訟追行をしていく能力が本当にあるのかどうかということを、やはり問題にせざるをえないわけです。民法の意思能力、権利能力、行為能力と似たような形で、訴訟をしていく際の能力が問題になります。2つだけ問題になるのですが、それは当事者能力（28条前段、29条）と訴訟能力（28条前段、31条および32条参照）という概念です。

　まず最初に当事者能力です。私人間の紛争の解決・調整のために、どうすればそれを合理的効果的に達成できるかという、訴訟法独自の見地から、当事者になれる者かどうかが判断されます。民事訴訟の当事者となる

キーワード　当事者能力
民事訴訟の当事者となることのできる一般的資格（能力）をいう。

ことのできる一般的資格（能力）、これを当事者能力といいます。当事者能力はそもそも当事者になれるかという話であって一般的な資格です。これを欠く者は、そもそも当事者になれないので判決をしても無意味であり、訴えは却下（140条）されます。却下というのは実際の審理をするまでもない、いわば門前払いのようなものと思ってください。これは後で訴訟の終了のところで出てきますが、少し説明しておきます。

　訴えまたは上訴を不適当として却下する判決のことを訴訟判決とよんでいます。これに対して、本案判決というのがありますが、そのうち、請求を理由ありとして認める判決を認容判決、理由なしとして退ける判決を棄却判決といいます。

　認容判決というのは、原告勝訴の判決です。原告が主張した請求が認められるとき、これを認容といいます。原告が主張した請求が認められないとき、これを棄却といいます。認容と棄却を覚えておいてください。簡単に言えば、訴訟の勝ち負けです。請求が理由あり、といいましたが、これはすなわち訴訟物が認められるということです。訴訟物が認められたならば、認容判決、訴訟物が認められないときに棄却判決がでるわけです。認容判決、棄却判決は勝ち負けをはっきりさせる判決なので、これを本案判決といいます。

　これに対して、勝ち負けをはっきりさせないで、門前払いになってしまう判決があります。それが訴訟判決です。これは却下という判決になります。訴えが不適法だから却下になります。訴訟要件が認められないとして門前払いとするもの、これを却下判決といいます。ですから、訴えを提起するときに一定の手続上の要件が満たされなければだめです。当事者能力がないのに訴えを提起すると、勝つか負けるかの判断すらしてもらえない訴訟判決、具体的には却下判決がでます。

（2）当事者能力を欠く場合——死者、胎児

どういう人が当事者能力がないのかといえば、民法上の権利能力をもっていない（28条前段）、死者とか胎児です。なぜ死者とか胎児は当事者能力がないのでしょうか。死者とか胎児が民法上の権利を認めてくれというのは、どう考えても無意味です。100万円の売買代金債権があるはずだと死者とか胎児が訴えを提起するということは、裁判をするまでもなく認められないのです。なぜなら、そもそも実体法上、権利の主体になれないわけですから、100万円の売買代金債権が死者とか胎児にあるはずがないからです。

すなわち、裁判をすることが訴訟経済上、無駄なのです。訴訟の効率的運営上、無駄だから門前払いをしてしまいます。訴えを提起したとしても、死者や胎児が当事者として記載されている場合、当事者能力がないため裁判をしても無駄なので、訴え却下になります。

そういうわけで、当事者能力は訴訟要件のひとつであり、これを欠くと却下判決がでるということは覚えておいてください。

（3）当事者能力が認められるもの——民法上の権利能力者、法人でない社団または財団で代表者または管理人の定めがあるもの

▶▶▶第28条（原則）

　当事者能力、訴訟能力及び訴訟無能力者の法定代理は、この法律に特別の定めがある場合を除き、民法（明治29年法律第89号）その他の法令に従う。訴訟行為をするのに必要な授権についても、同様とする。

▶▶▶第29条（法人でない社団等の当事者能力）

　法人でない社団又は財団で代表者又は管理人の定めがあるものは、その名において訴え、又は訴えられることができる。

当事者能力が認められるのは民法上の権利能力者と、法人でない社団や

財団で代表者または管理人の定めがあるものです。法人でない社団や財団で代表者または管理人の定めがあるものというのは、今はあまり気にしないでいいのですが、この2つも当事者能力をもっているということになります。

とりあえずは、死者や、胎児には当事者能力はない、ということを覚えておいてください。なぜかというと、それは無意味だからです。権利能力者でない以上、裁判をやっても、絶対的に権利を取得できないので無意味だからだ、と理解しておいてもらえればいいかと思います。

❹ 訴訟能力

（1）訴訟能力とは

次に、訴訟能力という言葉が出てくるのですが、訴訟能力というのは、訴訟上自分の利益を十分に主張したり擁護したりできない者のためのものです。当事者の保護のために訴訟能力という基準を設けています。ちょうど、民法上の行為能力に似た感じです。民法上の権利の主体にはなれるけれども、1人では有効に訴訟行為はできないという意味です。

これは、訴訟の能率的運営とは無関係で、あくまでも無能力者の保護がその趣旨ということになるのです。訴訟能力が認められるかどうかは、原則として行為能力を基準とします。民法でいう行為能力がその基準だというところを覚えておいてください。

訴訟無能力者となるのは次の2者で、未成年者と成年被後見人、これは絶対的訴訟無能力者といいます。これに対して、被保佐人・被補助人を、制限的訴訟能力者といいます。原則として未成年者・成年被後見人は、単独では訴訟行為はできません。民法では、未成年者が法定代理人の同意を要件としてみずから法律行為をすることが認められていますが（民法5条1項本文）、訴訟行為については、法定代理人の同意があっても単独でし

キーワード　訴訟能力
みずから単独で有効に訴訟行為を
なし、またはこれを受けるために
必要な能力をいう。

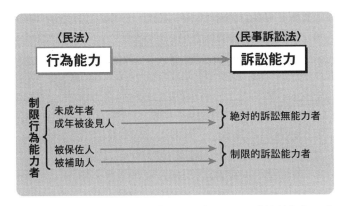

た場合は無効です（民訴31条本文）。というのは、訴訟行為というのは非常に複雑で、同意を得たとしても単独で同意を得たとおりにうまくできるかどうかわからないからです。

▶▶▶**第31条**（未成年者及び成年被後見人の訴訟能力）

　未成年者及び成年被後見人は、法定代理人によらなければ、訴訟行為をすることができない。ただし、未成年者が独立して法律行為をすることができる場合は、この限りでない。

　これに対して、被保佐人・被補助人は保佐人・補助人の同意さえあれば単独で有効な訴訟行為ができるということになっています。被保佐人の訴訟行為についての行為能力については民法13条1項4号、被補助人については民法17条1項に出てきます。被保佐人・被補助人の訴訟能力は、保佐人・補助人の同意が必要という意味で制限されているということです。

▶▶▶**第32条**（被保佐人、被補助人及び法定代理人の訴訟行為の特則）

　①　**被保佐人、被補助人（訴訟行為をすることにつきその補助人の同意を得ることを要するものに限る。次項及び第40条第4項において同じ。）又は後見人その他の法定代理人が相手方の提起した訴え又は上訴について訴訟行為をするには、保佐人若しくは**

保佐監督人、補助人若しくは補助監督人又は後見監督人の同意その他の授権を要しない。

　②　被保佐人、被補助人又は後見人その他の法定代理人が次に掲げる訴訟行為をするには、特別の授権がなければならない。

　1　訴えの取下げ、和解、請求の放棄若しくは認諾又は第48条（第50条第3項及び第51条において準用する場合を含む。）の規定による脱退

　2　控訴、上告又は第318条第1項の申立ての取下げ

　3　第360条（第367条第2項及び第378条第2項において準用する場合を含む。）の規定による異議の取下げ又はその取下げについての同意

（2）訴訟能力を欠く場合どうなるのか

　それでは、訴訟能力を欠いたら、どうなるのでしょうか。①個々の訴訟行為は、取り消しうる行為ではなく、無効となります。この点は民法と違うところです。手続安定のため、「取り消すことができる」にはしないということです。民法の制度の中には「取り消すことができる」、というのがありました。その主たるものは制限行為能力（民法5条、9条、13条、17条）、錯誤（民法95条）、詐欺、強迫（民法96条）の4つでした。取り消すことができるというのは取り消すか、取り消さないか、その意思決定が自由にできるということです。言い換えれば、無効になるか有効になるか、ペンディング（保留）の状態です。そういう不安定なことを訴訟手続は嫌います。手続の安定というのは非常に重要な要請であるため、このように無効にしてしまいます。

　そのほか、②追認があれば有効に確定します（民事訴訟法34条2項）。③裁判所が補正を命じる場合もあります（34条1項前段）。

　▶▶▶第34条（訴訟能力等を欠く場合の措置等）

①　訴訟能力、法定代理権又は訴訟行為をするのに必要な授権を欠くときは、裁判所は、期間を定めて、その補正を命じなければならない。この場合において、遅滞のため損害を生ずるおそれがあるときは、裁判所は、一時訴訟行為をさせることができる。

②　訴訟能力、法定代理権又は訴訟行為をするのに必要な授権を欠く者がした訴訟行為は、これらを有するに至った当事者又は法定代理人の追認により、行為の時にさかのぼってその効力を生ずる。

③　前2項の規定は、選定当事者が訴訟行為をする場合について準用する。

　裁判所が法定代理人に追認しなさいとか、代理人をつけてしっかりとやりなさいとか命令することもできるということです。

　それから、実際に問題になることはほとんどないのですが、意思能力がないときも無効になります。

　ですから、民法でいう権利能力に対応するのが当事者能力、行為能力に対応するのが訴訟能力ということになります（28条前段）。また、明文の規定はされていませんが、訴訟行為が有効であるためには当事者が意思能力をもっていなければならないと解釈されています。訴訟能力者であっても意思能力が欠けていたときの訴訟行為は無効です。

　ここまでみてきたように、当事者能力と訴訟能力は異なる概念です。たとえば、未成年者でも実体法上権利の主体にはなれるので、訴訟法上も当事者能力はあります。しかし、1人で裁判をしていくのは危険なので、訴訟能力はないということになるわけです。当事者能力と訴訟能力を区別できるようにしてください。

❺当事者の代理人

（1）代理人とは

　訴訟追行についても代理制度が認められています。当事者の代理人と

キーワード　代理人
当事者である本人の名において、これに代わって訴訟行為をし、また受ける者をいう。

は、当事者である本人の名において、これに代わって訴訟行為をし、また受ける者をいいます。

当事者はあくまでも本人です。代理人は当事者ではありません。当事者はあくまでも本人で、代理人は当事者ではない、このことから、判決の効力は代理人には及ばないということになるわけです（115条1項参照）。ですから、弁護士は訴訟代理人になりますが（54条1項本文参照）、裁判に勝っても負けても判決の効力は及びません。また、「当事者に代わって」というところも重要です。訴訟行為をし、また受ける者というのは原告側の代理人の場合と被告側の代理人の場合と両方あるからです。

（2）法定代理と任意代理

さて、訴訟は代理による場合が多くあります。訴訟無能力者は代理人によらなくては訴訟行為ができないし（31条）、訴訟能力者であっても専門家である弁護士を代理人に選任したほうがいいだろうということで、代理人の制度があるのです。代理には大きく分けて、2つの場合があります。法定代理と任意代理です。任意代理は広い意味で訴訟代理ともいいます。両者あわせて訴訟上の代理といいます。

a．法定代理人

> ▶▶▶第28条（原則）
> 　当事者能力、訴訟能力及び訴訟無能力者の法定代理は、この法律に特別の定めがある場合を除き、民法（明治29年法律第89号）その他の法令に従う。訴訟行為をするのに必要な授権についても、同様とする。

訴訟上の代理人のひとつが法定代理人です。法定代理人は本人の能力を補充します。いわば当事者のなり代わりです。本人に訴訟能力がないため当事者に代わって訴訟を追行します。いわば本人の身代わり的地位にあり

ます。法定代理人のひとつが実体法上の法定代理人、親権者とか後見人など
どがその典型です。訴訟上の特別代理人もあるのですが（35条）、今の段
階では未成年者の親権者などをイメージしてもらえれば十分です。

▶▶▶**第35条**（特別代理人）

① **法定代理人がない場合又は法定代理人が代理権を行うこと
ができない場合において、未成年者又は成年被後見人に対し訴訟
行為をしようとする者は、遅滞のため損害を受けるおそれがある
ことを疎明して、受訴裁判所の裁判長に特別代理人の選任を申し
立てることができる。**

② **裁判所は、いつでも特別代理人を改任することができる。**

③ **特別代理人が訴訟行為をするには、後見人と同一の授権が
なければならない。**

b．任意代理人

任意代理人、広義の訴訟代理人です。本人に訴訟能力はあるが、専門家
に任せてその利益を拡大するための代理人です。

要するに、専門家に任せたほうがより裁判はうまく進められるというこ
とです。ある意味では任意代理人というのは第三者的な立場に立っていま
す。本人の能力を補充する法定代理人のほうは、本人の身代わりですか
ら、本人に代わって訴訟行為をかなり真剣にやることになります。これに
対して、任意代理人は第三者的な立場に立って訴訟を追行することになり
ます。任意代理人の場合は当事者本人も訴訟行為をなしうる（57条参照）
ということも任意代理の大きな特徴です。

任意代理人には２種類あります。まず法令による訴訟代理人です。たと
えば、支配人とか船舶管理人、船長というのがそれにあたります。商法21
条１項、会社法11条１項に一切の裁判上または裁判外の行為をする権限を
有するとありますが、裁判上の行為をする権限があるということは訴訟を
追行する代理権があるということにほかならないのです。このように、商

法、会社法という法律によって法令による訴訟代理人が定められています。

　それから、訴訟委任に基づく訴訟代理人です。これがもっとも一般的です。狭義の訴訟代理人ともいいますが、弁護士が訴訟代理人として法廷で活躍するということになります。民事訴訟の法廷で活躍する弁護士は代理人なのです。民事訴訟においては基本的に弁護士しか代理人になってはいけないとなっています。これが弁護士代理の原則です。54条1項本文をみてください。

> ▶▶▶**第54条**（訴訟代理人の資格）
> 　①　**法令により裁判上の行為をすることができる代理人のほか、弁護士でなければ訴訟代理人となることができない。ただし、簡易裁判所においては、その許可を得て、弁護士でない者を訴訟代理人とすることができる。**
> 　②　**前項の許可は、いつでも取り消すことができる。**

　54条1項本文には「法令により裁判上の行為をすることができる代理人のほか、弁護士でなければ訴訟代理人となることができない」と書いてあります。これを覚えておいてください。

　弁護士の独占なのですね。法律の知識がない、弁護士の資格がないような人が代理人として法廷に出るなんてことになると、たとえば、暴力団みたいな人たちや事件屋とよばれるような人たちがいろいろな訴訟を請け負ってしまったりして、民事訴訟がかえって紛糾したり、当事者の利益にならないこともあるので弁護士にかぎるということにしています。

　以上のように訴訟能力は未成年者、成年被後見人にはありません。訴訟能力がなくて、単独で訴訟を追行することが不可能なので法定代理人が付くということになります。これに対して、成年者には通常訴訟能力はあるが不十分なので訴訟代理人が付くということになります。さて、以上が訴訟の主体の話でした。次に、いよいよ訴訟が開始されるところをみていきましょう。

本人訴訟と弁護士強制制度

日本の民事訴訟法の母法にあたるドイツ法では、弁護士強制制度（弁護士強制主義）、すなわちすべての当事者に対して原則として弁護士による代理を要求する法制を採用していますが、わが国の民事訴訟においては、伝統的に、弁護士の数が少なかったなどの背景から、弁護士強制制度を採用せず、弁護士代理の原則（54条1項本文）を採用するにとどめています。したがって、日本の民事訴訟においては、弁護士を選任せずに本人で訴訟を行うこと（本人訴訟）もできます。

現在、司法改革制度によって弁護士数が増加しており、これに伴って本人訴訟は減少するのではないかといわれていました。ところが、本人訴訟はかえって増加傾向にあるという指摘もなされています。その理由としては、弁護士費用が高額であり、弁護士を依頼すると自分の取り分が減ってしまうという思いを持っている当事者が多いこと、本人自身による訴訟追行を積極的に望んでいる者が少なからずいること、当事者本人の性格やコスト意識が影響している場合があること、いわゆる勝ち筋の事案であるのに弁護士を頼まない当事者には、それなりの言い分があることなどがあげられています。

他方で、本人訴訟については、次のような実務上の問題点が指摘されています。紛争性の高い事件であるにもかかわらず、当事者に弁護士が代理人として就任しない場合には、裁判官や書記官は当事者本人に対し手続や制度の説明に苦労していること、本人訴訟では訴状の誤りが多く訴状の補正が必要となったり、当事者の主張や争点を明らかにするため、期日において当事者の言い分を聴取する必要が生じたり、必ずしも適切な証拠が提出されないなど、当事者の主張・立証を軌道に乗せるのに相当の時間を要することになり、裁判所の負担は相当重いことなどが指摘されているところです。こうしたことから、本人訴訟をいかに円滑に進めていくかが大きな課題となっているのです。

ただ、弁護士費用がかかるという経済面や、弁護士をつけたくないという本人の権利保障の理論面からして、わが国において、弁護士強制制度を導入するには非常に難しい面もあり、今後の課題といえるでしょう。

なお、弁論能力を欠く者に対する措置について規定する弁護士付添命令（155条2項）を使えないかという問題提起もなされていますが、「訴訟関係を明瞭にするために必要な陳述をすることができない」（155条1項）の要件が厳格であることに加え、当該命令には強制力はなく、特定の弁護士に対して付添いを命じるものではないと解されているため、当該当事者が付添命令に従わずみずから弁護士を選任しない場合にはすべがなく、実効性に乏しいともいわれています。

理解度クイズ②

1　民事訴訟法における当事者能力の概念として適切なものはどれか。

① 民事訴訟の当事者となるために必要な訴訟法上の能力

② みずから単独で有効に訴訟行為をなし、またはこれを受けるために必要な能力

③ 裁判所の訴訟手続に関与して、訴訟行為をするのに必要な資格

2　次のうち、訴訟能力の概念として適切なものはどれか。

① 民事訴訟の当事者となるために必要な訴訟法上の能力

② 自ら単独で有効に訴訟行為をなし、またはこれを受けるために必要な能力

③ 特定の訴訟における正当な当事者としての利害関係人としての資格

④ 裁判所の訴訟手続に関与して、訴訟行為をするのに必要な資格

3　訴訟能力のない当事者の訴訟行為の効力はどうなるか。

① 完全に有効である

② 民法の規定に従って、取り消しうる行為となる

③ 無効である

※解答は巻末

I 訴えの概念

❶ 訴えとは

訴えを提起することで、訴訟が開始します。訴えとは、原告が裁判所に対して、被告との関係での権利主張（請求）を示して、その当否について審判を要求する要式の申立てのことをいいます。裁判所に対して要求するのが訴えです。被告に対してではありません。これを間違えてはいけません。あくまでも訴えは裁判所に要求するものなのです。

言い換えれば、訴えは、請求の当否についての本案判決（請求認容判決または請求棄却判決）の要求です。

❷ 3種類の訴え

訴えには給付の訴え、確認の訴え、形成の訴えの3種類があります。それぞれの意味と具体例を覚えておいてください。

（1）給付の訴え

まず、給付の訴えです。これは一番わかりやすい普通の訴えです。原告が被告に対する給付請求権を主張して、裁判所に対して、被告に対する給付判決を求める訴えです。給付請求権とは物の引渡しを請求できる権利のようなものと思ってください。

たとえば、金を払え（代金支払請求）とか、土地を明け渡せ（土地明渡請求）とかが、その典型例です。この物の引渡しを求める給付請求を認容する判決には執行力というものが生じます（→147頁）。これにより強制執行などができるようになります。給付の訴えの請求認容判決には執行力が生じるということを覚えておきましょう。給付の訴えは、物の引渡しを求

> **キーワード** **給付の訴え**
> 原告が被告に対する給付請求権（被告の給付義務）を主張して、裁判所に対して、被告に対する給付判決を求める訴えをいう。

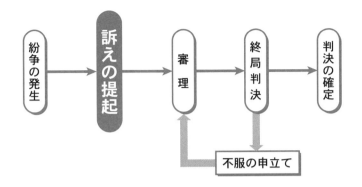

めるものですが、その請求が認容されると、物の引渡しを求める強制執行もできるようになるのです。

（2）確認の訴え

　次に、確認の訴えです。原告が、被告との関係で特定の権利・法律関係の存在または不存在を主張して、それを確認する判決を求める訴えのことです。

　要するに、権利があるかないか、債務があるかないかということを確認するだけの訴えです。典型的なのが債務不存在確認の訴えです。たとえば、ある人から借金を返せとしつこく言われるが、自分としてはもう100万円返済したつもりでいるとします。それなのに返せと請求されるので、「私は返してしまってもう債務はないのです」、ということをはっきりと裁判所に確認してもらうということを求めるわけです。債務がないということをきちんと確認しておくことが紛争の解決につながるからです。

（3）形成の訴え

　最後に、形成の訴えです。一定の法律要件に基づく法律状態の変動を主

キーワード **確認の訴え**
原告が、被告との関係で特定の権利・法律関係の存在または不存在を主張して、それを確認する判決を求める訴えをいう。

張して、判決による権利関係の変動を宣言する形成判決を求める訴えのこととです。これは判決によって法律関係の変動を生じさせてほしいと求めるわけです。離婚の訴えなどが典型的です。判決がでることによって離婚が認められるのです。もちろん、両者が合意すれば、協議離婚といって2人の話合いで離婚します。これが原則、普通の離婚です。話合いをしてもだめな場合は今度は調停にもち込んで、調停委員に間に入ってもらって、調停で離婚するかどうか決めます。調停離婚といいます。それでもだめなときは裁判官に間に入ってもらって、審判という形で離婚の手続などをします。それでも解決しないとなると、最終的には訴えを提起し、離婚の裁判をすることになります。

　そして、判決をもらって初めて原告と被告は離婚することになります。もちろん、請求が認められるためには、民法上定められている一定の要件がないとだめです。

　では、なぜ裁判をしなければいけないのでしょうか。原告と被告が離婚するというのは、当事者だけではなく、世の中の多くの人たちにも、離婚したということをはっきりさせなければいけないからです。すなわち、多くの人との関係でも離婚という効果は生じさせる必要があるのです。

　まだ詳しくお話していないので、わかりにくいかもしれないのですが、既判力というのはその判決の当事者にしか効力が生じないのが原則です（115条1項1号）。これを既判力の相対効といいます（→147頁）。しかし、この離婚の裁判の効力というのは、当事者だけでなく、まわりの人たち全員との関係で、その2人が離婚したという効力を生じさせないと困るわけです。当事者では離婚したことになっているけれど、その離婚したという効果、既判力はほかの人には及ばないということになると、ほかの人との関係ではその2人はまだ結婚している状態が残っているというわけがわからないことになります。第三者との関係でも2人が離婚したというこ

キーワード **形成の訴え**
一定の法律要件に基づく法律状態の変動を主張して、判決による権利関係の変動を宣言する形成判決を求める訴えをいう。

とをはっきりさせる必要があるのです。

　それは、世の中一般に対しても効力を生じさせるという意味で、対世効という言い方をします。世間に対しての効力です。対世効を生じさせる必要がある場合、この形成の訴えをして、裁判によって法律関係を画一的に処理しようということになります。対世効を生じさせて、画一的に処理するため形成の訴えをします。そして、判決によって初めて、離婚したという法律関係が形成されます。このような訴えを形成の訴えといいます。

ムダをなくすための訴訟要件

これまでみてきたように、私的な争いを公権的に解決するのが、民事裁判という制度です。裁判は公的なサービスですから、その運営のための費用は私たちの税金でまかなわれています。ですから、ムダな訴訟をなくすということは、民事裁判制度の命題のひとつなのです。そこで、ムダな訴訟を排除し裁判制度の効率的な運用を図るために、審判をするための前提条件として、訴訟要件を要求しています。

たとえば、AさんはYさんから車を購入しましたが、Yさんは車を引き渡そうとしません。そこで、Aさんに車を貸してもらう約束をしていたXさんが、「YはAに対して車を引き渡せ」との判決を求めて裁判所に訴えを提起したとします。仮にこの訴えが認められた場合、紛争の解決を期待できるでしょうか。

この場合、Xさんは売買契約の当事者ではありませんから、訴訟に負けたとしてもそれほど不利益を受けるわけではありません。とすると、Xさんに十分な訴訟追行が期待できるかどうかは疑問です。また、Xさんが訴訟に負けた場合、Aさんとしては勝手に自分の権利の不存在を決められてしまったわけですから、たまったものではないでしょう。そこで、「こんな裁判の効力は自分には及ばない」と主張して、新たにYさんに訴え

を提起するかもしれません。これでは、結局お金をかけてXY間の裁判をしても、まったくのムダになってしまいます。

そこで、このような場合、裁判所は「Xさんにはこの争いの当事者となる資格（これを当事者適格といいます）がないから、この裁判はこれ以上しません」として、本案の審理をせずに、訴えを却下するのです。

では、訴訟要件と本案の審理の順序はどうなっているでしょうか。

この点、ムダな訴訟の排除という訴訟要件の目的からすれば、訴訟要件の審理を先にし、訴訟要件があることが明確となった後に本案の審理をすべきようにも思えます。しかし実際には、訴訟要件と本案の審理は同時並行的に進められています。

これは、すべての訴訟要件の具備が証明されなければ本案の審理ができないとすると、本案審理に入るまで訴訟が停滞してしまい、かえって訴訟不経済となってしまうからです。また、先ほどあげた当事者適格などのように、本案についての審理をしなければその有無が判断できないような訴訟要件もあります。そこで、本案の審理を進めながら訴訟要件の審理も進め、訴訟要件がないことが明らかになった時点で訴えを却下することになります。

II　訴えの要件（訴訟要件）

❶訴訟要件とは

　訴訟要件とは、本案の審理を続行して本案判決をするための要件のことです。本案判決とは請求認容判決と請求棄却判決のことです。

　訴訟要件を満たさないと、訴え却下という訴訟判決がだされます。そこで裁判所は、原告によって主張される権利関係の存否の審理・判決をなすべきかどうかを判断します。要するに、権利の存否を判断するのに適している訴えかどうかみるわけです。これは、審理をしても紛争が解決しないような場合があることを考えて、無駄な訴訟を省く、いわば訴訟経済というところに、その趣旨があります。やっても無意味な裁判はしないというわけです。

　先ほどの当事者能力がない場合などがそうですが、そもそも権利の主体になれないような人の裁判はやっても仕方がありません。当事者能力がない場合は訴訟要件を欠くので、訴え却下になります。47頁の(2)当事者能力を欠く場合のところでお話しした、死者が被告になっている場合もそうです。

　特に重要な訴訟要件が２つあります。１つは訴えに関する正当な利益、訴えの利益です。もう１つが特定の主体についての正当な利益、当事者適格の問題です。この２つが典型的な訴訟要件です。

　訴訟要件はこの訴えの利益、当事者適格のほかにもいろいろあります。たとえば、二当事者対立でなければいけないということから、当事者の実在という要件です。原告、被告が実在しているということです。そして、当事者能力があるということです。また管轄権があることなどさまざまありますが、それらがすべて訴訟要件ということになります。その中で訴えの利益と当事者適格が特に重要です。

❷訴えの利益

　訴えの利益とは、審判対象である特定の請求が本案判決による争訟の処理に適するかどうかの判断基準です。

　つまり、訴えの利益が認められるためには、当該請求につき本案判決がなされるべき必要性と本案判決による紛争処理の実効性があることが必要です。これは個々の請求ごとに判断されます。原告が訴えた１つひとつの請求ごとに訴えの利益があるかないか判断していくということです。訴えの利益はちょっとイメージをもちにくいかもしれませんが、たとえば給付の訴えの場合、原告がすでに履行期の到来した債権の履行を求めて訴えを提起したとします。この場合、被告が履行を拒絶していないのであれば、わざわざ裁判で争うまでもなく、本案判決がなされるべき必要性と本案判決による紛争解決の実効性はないとも思えます。しかし、このような場合でも、強制執行をするために確定判決を取得しておくことが必要ですので、なお本案判決がなされるべき必要性と本案判決による紛争解決の実効性はあるといえ、訴えの利益があるといえるのです。

❸当事者適格

　当該訴訟物につきみずから当事者として訴訟を追行し、本案判決を求めうる資格を当事者適格といいます。自分が当事者となりうるような適格、資格のことです。これも、訴訟物との関係で個別に決まります。この当事者適格は、当事者能力と区別して覚えてください。当事者能力とは一般的な能力です。およそ死者や胎児は一切だめだという一般的な能力です。

　これに対して、当事者適格の有無は訴訟物ごとに個別に判断されます。原告が訴えた訴訟物との関係で、その訴訟物については当事者適格があります、ありませんというように個別に判断されるのです。どのような人が原告として当事者適格があるかというと、自分が権利者だと主張している

キーワード 訴えの利益
本案判決をなすことの必要性・実効性を個々の請求内容について吟味するための要件をいう。

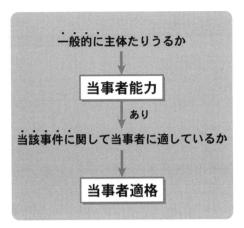

一般的に主体たりうるか

当事者能力

あり

当該事件に関して当事者に適しているか

当事者適格

ならば原則として当事者適格ありです。

　当たり前のようですが、中にはみずからが権利者であると主張しない人もいるのです。たとえば、友達が困っているので、あの友達に売買代金債権があることを、私は確認して請求しますなどというのはダメです。自分が権利者ではないけれども、友達が困っているので、あの友達に売買代金債権があるから100万円払ってやってくれと、そういう裁判を、売買契約の当事者でもなく自分に権利があるともいっていない人が争ったとします。自分の権利についてではなく他人の権利まで自由に勝手に訴えられるということになったら、それこそ裁判所は混乱してしまうし、訴訟経済の点でも非常に無駄なことです。また、十分な訴訟追行が期待できるともかぎりません。ですから、自分が権利者だと主張するときに当事者適格がある、と基本的には考えていきます。

　当事者適格という概念と当事者能力という概念を区別できるようにしておいてください。一般的な能力の話なのか、訴訟物ごとに決まっていく話なのか、という視点が重要です。

（キーワード）**当事者適格**
当該訴訟物につき、みずから当事者（原告・被告）として訴訟を追行し、本案判決を求めうる資格をいう。

III 訴え提起の方式

　訴えの要件（訴訟要件）を満たしているときに、訴えが適法とされるのですが、一定の方式が必要になります。訴状という書面を裁判所に提出して訴えを提起することになります（134条1項）。ただし、2022（令和4）年改正により、インターネットを用いてオンラインで訴えの提起等が可能となりました（132条の10第1項）。訴状には何を書くのでしょうか。条文をみてみましょう。

> ▶▶▶**第134条**（訴え提起の方式）
>
> 　① 　**訴えの提起は、訴状を裁判所に提出してしなければならない。**
>
> 　② 　**訴状には、次に掲げる事項を記載しなければならない。**
>
> 　1 　**当事者及び法定代理人**
>
> 　2 　**請求の趣旨及び原因**

　まず、134条1項です。「第一審の訴訟手続」の項目の中です。「訴えの提起は、訴状を裁判所に提出してしなければならない」とあります。次に、134条2項をみてください。「訴状には、次に掲げる事項を記載しなければならない。1　当事者及び法定代理人　2　請求の趣旨及び原因」と書いてあります。必ず書かなくてはいけないのは、当事者と請求の趣旨と請求の原因の3つです。これが必要的記載事項です（民事訴訟規則53条1項なども参照してください）。

　請求の趣旨というのは、簡単に言えば訴訟物です。訴えによって裁判所に要求する審判の内容をいいます。たとえば、100万円の請求権があるから、金100万円を支払え、ということを請求の趣旨に書きます。それから、請求の原因というのは、その100万円というのはどういう原因に基づ

いて発生したのか、その訴訟物の発生の根拠、理由のようなものを書きます。

　たとえば、売買契約を締結して売買代金債権として100万円が発生したという事情を書いていくのが請求原因という部分になるのです。

　追って具体的にお話をしますが、請求の趣旨では訴訟物として何を求めるのかを書きます。たとえば、「100万円を支払え」との判決を求める、と請求の趣旨に書いたとします。そして、請求原因のところでは、その支払いというのは、どのようにして発生した支払請求権なのかを書いていきます。この部分のところは、必ず訴状に書かなければいけません。

訴　　状　（例）

令和5年2月1日

東京地方裁判所民事部　御中

　　　　　　　原告訴訟代理人弁護士　　　　　　　甲　野　花　子

〒155-0033　東京都世田谷区代田○丁目×番△号
　　　　　原　　　告　　　　　　　　　　　　山　田　一　郎
〒105-0001　東京都港区虎ノ門○丁目×番△号
　　　　　虎ノ門ビル□階（送達場所）
　　　　　上記訴訟代理人弁護士　　　　　　　　甲　野　花　子
　　　　　　　　　電　話　03-3567-○○○○
　　　　　　　　　ＦＡＸ　03-3567-××××
〒114-0014　東京都北区田端○丁目×番△号
　　　　　被　　　告　　　　　　　　　　　　山　田　次　郎

貸金等返還請求事件
　　　訴訟物の価格　　　　200万円
　　　ちょう用印紙額　　　1万5600円
第1　請求の趣旨
　1　被告は、原告に対し、金200万円及びこれに対する令和4年10月8日から支払済
　　みまで年3分の割合による金員を支払え。
　2　訴訟費用は被告の負担とする。
　3　仮執行宣言
第2　請求の原因
　1　金銭の貸し付け
　　　原告は、被告に対し、令和3年5月1日、金240万円を、返済期・利息の定めな
　　く、被告口座に送金して貸し付けた。
　2　弁済期の到来
　　　原告は、令和3年10月1日付内容証明郵便により本件貸金を右内容証明郵便到
　　着後5日間以内に支払うことに求め（甲1の1、2内容証明郵便）、上記内容証明
　　郵便は同年10月2日に被告に配達された。被告は、同年10月7日を経過するも支
　　払いをしなかったため、期限の利益を喪失した。
　3　被告の一部弁済
　　　被告は令和4年10月7日52万円を、原告銀行口座に送金し債務の一部を弁済し
　　た（甲2　預金通帳）、上記52万円は、別紙計算書のとおり遅延損害金、元金の順
　　に充当され、被告の借り入れ残元本は、200万円となった。
　　　その後、原告は再度内容証明を出すなどして被告に支払いを促したが、被告は
　　一切支払わず今日に至っている。
第3　結論
　　　よって、原告は、被告に対し、金200万円およびこれに対する令和4年10月8日か
　　ら支払済みまで年3分の割合による遅延損害金の支払いを請求する次第である。

証　　拠　　方　　法

1　甲1の1、2　　　　　内容証明郵便
2　甲2　　　　　　　　原告預金通帳

添　付　書　類

1　訴状副本　　　　　　1通
2　甲各号証　　　　　　各1通
3　訴状委任状　　　　　1通

民事訴訟手続のIT化

2022（令和4）年の法改正により、裁判手続のIT化が大幅に進みました。これは、民事訴訟手続のいっそうの迅速化・効率化を図り、民事裁判を国民がより利用しやすいものとするためです。では、その内容を簡単にみていきましょう。

まず、訴えの提起の場面です。

この改正法以前は、簡易裁判所に対するものを除き、訴えの提起は訴状を裁判所に提出して行う方法しか認められていませんでした。しかし、改正法により、インターネットを用いた訴えの提起等が可能となりました。具体的には、最高裁判所規則で定めるところにより、オンラインシステムを使用して、訴状等の書面に記載すべき事項を指定されたファイルに記録する方法により、訴えの提起等をすることができるようになったのです（132条の10第1項）。

このようなインターネットを用いた訴えの提起等がされた場合、その送達は、電磁的記録の送達の規定によって進行します（132条の10第5項）。電磁的記録の送達は、送達すべき電磁的記録に記録されている事項を出力することにより作成した書面を、書面の送達（101条以下）の定めるところにより送達する方法（109条）のほかに、ある一定の場合には、裁判所は、閲覧（109条の3第1項1号）または記録（2号）をすることができるようにするとともに、その旨を送達を受ける者に通知する方法（109条の2第1項）で、行うことができます。

また、訴訟の審理段階においても、IT化が進められました。

たとえば、裁判所は、相当と認めるときに、最高裁判所規則の定めるところにより、映像と音声の送受信により相手の状態を相互に認識しながら通話をすることができる方法（ウェブ会議等）により、口頭弁論を行うことができるようになりました（87条の2第1項）。

さらに、口頭弁論の調書や判決書の作成も、最高裁判所規則の定めるところにより、電磁的記録によってなされることとなりました（160条1項、252条1項）。電磁的訴訟記録については、当事者は、裁判所設置端末による閲覧（91条の2第1項）のほか、裁判所設置端末および裁判所外端末による閲覧等のための複写を請求することができます（91条の2第2項）。

これらの裁判手続のIT化は、裁判所や当事者の負担を減らし、民事訴訟制度の普及に寄与するものといえるでしょう。

IV　起訴の効果

❶ 訴訟法上の効果——二重起訴の禁止（142条）

　訴えの提起のことを起訴ともいいます。刑事訴訟法でも起訴という言葉を使いますが、民事訴訟法でも使います。起訴の効果、訴えを提起したときの訴訟法上の効果として、いくつかの効果がありますが、1つは二重起訴の禁止です。142条の条文をみてみましょう。

> ▶▶▶**第142条**（重複する訴えの提起の禁止）
> 　**裁判所に係属する事件については、当事者は、更に訴えを提起することができない。**

　「裁判所に係属する事件については、当事者は、更に訴えを提起することができない」とあります。いったん裁判所に係属している、要するに裁判所に受理されている事件については、再び裁判所に訴えを提起することはできない、二重に起訴することはできないということです。当たり前に思うかもしれませんが、きちんと明文化されています。

　現在、伊藤氏との間で200万円の貸金返還請求訴訟が行われている最中です。どうも分が悪いようだ。別の裁判所でも争ってやろう。今の裁判とこれからの裁判とのどちらかで勝てばいいじゃないか。

　さて、このようなことは許されるのでしょうか。

　もし、こういう訴えが許されたら東京地方裁判所で訴えを提起して、ちょっと勝つのが厳しいかなと感じたら、東京地方裁判所の別の部に訴えを提起する、というのをたくさんやられてしまい訴訟として無駄になりますし、相手、つまり被告に対しても迷惑になります。そして、裁判所ごとに違った判断が出たら大変なことになります。ある裁判所では200万円の請

求を認める、別の裁判所では同じ請求権なのに認めないという判断が出され、結論が異なってしまったら大変なことになります。そのようなさまざまな事情から、二重起訴は禁止されています。

二重起訴の禁止とは、すでに裁判所で争われている事件を重ねて裁判所で争うことはできないという原則です。1回争われているものを同じ裁判所で争うことができないのは当然、別の裁判所でもできないということです。

すでに裁判で争われている事件を再び別の裁判所で争うことになったら、どうなるでしょうか。訴訟係属中に、同一事件について重ねて起訴を許すことは、訴訟進行が重複して両訴で矛盾した判決がされて混乱が生じるおそれがあるので、有害無益として禁止されます。

また、被告に迷惑をかけることにもなります。被告は訴えられたら、それに応訴しなければいけません。法廷に出ていかないと欠席裁判がなされ負けてしまいます。ですから、訴えられたら必ず法廷に出る、少なくとも書面ぐらいは出さないといけないのです。訴えられたら、それに応えなくてはいけません。非常に面倒です。同じ1つの事件についてあちこちの裁判所に訴えられたら、被告はそれらに1つひとつ応えていかなければいけないので、大変煩雑で迷惑です。

判決の矛盾抵触の回避、被告の応訴の煩の回避、訴訟不経済の回避、これが趣旨になります。判決矛盾、これがもっとも現実的で危険性が高いものです。裁判所ごとに判決が違ったら紛争解決にならないわけです。紛争解決にならないということは民事訴訟の1番の目的を達成できないということになってしまいますから、当然許されないことになります。

❷同一事件かどうかの判断

問題は、同一「事件」かどうかを、どう判断するのかということです。

それは当事者の同一性と請求の同一性から判断します。

　たとえば、原告と被告が入れ替わっただけならば、当事者は同一と判断します。甲が乙に対しある債権が存在するということを確認する、それに対して乙が甲に対しその債権の不存在ということを確認する、それは結局同じことをやるわけですから同一事件として扱うべきです。当事者が同一かどうかは、ある程度実質的に判断することになります。ここがまさに論点になります。

　また、請求の同一性も実質的に判断されます。たとえば、同一の土地についての所有権の確認と明渡しの請求は実質的な判断の中身は同じです。この土地が私の土地だということを確認してくれという請求と、この土地は私の土地だから返してくれ、明け渡せという請求とは、その土地の所有者は原告かどうかがメインテーマなのですから、実質的に同一の請求といえます。2つの請求、土地の所有権確認の訴えと土地の明渡請求は、求めているものは違うようにみえますが、訴訟物は違うけれども、実質的な判断の中身は同じものですから、それは同一の請求といってしまうのです。

　もし、別々の裁判所にそれぞれの訴えが許されるとすると、その土地が原告の所有かどうかというもっとも重要なところで判決矛盾が生じうる、結論が矛盾した判決がでる危険性があります。Aという裁判所で原告所有だと認められたとします。ところが、Bという裁判所では原告所有ではないという判断がされ、両者が確定してしまったら、どうなるでしょうか。

　ですから、判決矛盾の危険性もあり、また被告のほうもいちいち応訴するのも大変だから、取りまとめて訴えを変更してもらって、所有権の確認にするのか、明渡しにするのかいずれか1本にまとめてもらうというように手続は進んでいきます。

❸実体法上の効果

　その他の効果としては、民法その他の法律が、起訴に特殊な効果を認めている場合があります。たとえば、時効の完成猶予の効果があります。これは、訴状提出の時に時効の完成猶予の効果が生じることを意味します。民法の147条および民事訴訟法の147条に時効の完成が猶予される場面についての規定があります。

　▶▶▶民法第147条（裁判上の請求等による時効の完成猶予及び更新）

　①　次掲げる事由がある場合には、その事由が終了する（確定判決又は確定判決と同一の効力を有するものによって権利が確定することなくその事由が終了した場合にあっては、その終了の時から六箇月を経過する）までの間は、時効は、完成しない。

　1　裁判上の請求

　2　支払督促

　3　民事訴訟法第275条第1項の和解又は民事調停法（昭和26年法律第222号）若しくは家事事件手続法（平成23年法律第52号）による調停

　4　破産手続参加、再生手続参加又は更生手続参加

　②　前項の場合において、確定判決又は確定判決と同一の効力を有するものによって権利が確定したときは、時効は、同項各号に掲げる事由が終了した時から新たにその進行を始める。

　▶▶▶民法169条（判決で確定した権利の消滅時効）

　①　確定判決又は確定判決と同一の効力を有するものによって確定した権利については、10年より短い時効期間の定めがあるものであっても、その時効期間は、10年とする。

　②　前項の規定は、確定の時に弁済期の到来していない債権については、適用しない。

　▶▶▶民事訴訟法第147条（裁判上の請求による時効の完成猶予等）

訴えが提起されたとき、又は第143条第2項（第144条第3項及
　　び第145条第4項において準用する場合を含む。）の書面が裁判所
　　に提出されたときは、その時に時効の完成猶予又は法律上の期間
　　の遵守のために必要な裁判上の請求があったものとする。

　「訴えが提起されたとき」とは、訴状提出の時に、時効が完成猶予され
ると解釈されています。債権は、債権者が権利を行使することができるこ
とを知った時から5年、権利を行使することができる時から10年（人の生
命または身体の侵害による損害賠償請求権の場合は20年）で消滅時効にか
かります（民法166条、167条）。所有権は消滅時効にかからないというこ
とは民法で学習しました。債権は5年または10年（20年）経れば消えてな
くなってしまいますが、途中で裁判上の請求をした場合にはその時効が完
成猶予されます。そして、裁判上の請求が確定判決などによって権利が確
定した場合には、更新といって振出しに戻るのです。更新すると、そこか
ら更に10年ということになるのです（民法169条）。10年で時効消滅する場
合で、債権を行使しないで9年11か月まできて、あと1か月経つと時効で
消えると思っていたら、相手に訴えを提起され、時効が完成猶予されて、
確定判決によって権利が確定したら、また振出しに戻り、更に10年間放っ
ておかれないと消滅しないということになります。

V 訴訟物とその特定の基準（審判のテーマ）

❶訴訟物とは

　さて、そのように訴えを提起するということによって、民事訴訟という裁判の目的、テーマが決まってきます。それが、訴訟物となるわけです。

　たとえば、売買代金債権というものがあるかないかが、その裁判のテーマ、訴訟物ということになります。民事訴訟手続による争いの処理は、原告の訴えによって主張された特定の対象につき、裁判所の関与の下に審理を経て判決をするという過程をたどります。この審判の対象を訴訟物といいます。または、訴訟上の請求などといったりします。訴訟上の請求も訴訟物も同じ意味です。これはしっかりと覚えておいてください。

　さて、訴訟物は審判の対象です。審理の対象となるわけです。これが定まらないと被告は何についてどのような攻撃防御をするべきかわからず、不意打ちの危険にさらされることになります。攻撃防御という言葉が出てきましたが、民事訴訟の裁判の中では、原告が主張したことに対して被告がいろいろ反論し、それに対して原告がまた再反論し、というように主張に対しての反論、更に再反論、更に再々反論というふうに、ちょうど、テニスのラリーみたいに行ったり来たりをやるわけです。それがまさに、原告が攻撃して、被告が防御する、そういう攻撃防御のさまざまな手段のことを攻撃防御方法なんていったりします。まさに訴訟は攻撃と防御のやりとりで行われていくことになるわけです。

　そしてそのとき、被告のほうにしてみれば、どういう訴えを出されたのかはっきりしなければ、防御のしようがないじゃないか、ということになります。いきなり、自分が防御していたものとは関係ないものについての判決がボン！とだされたりすると、それは不意打ちになってしまうわけで

キーワード 攻撃方法
原告が自分の本案の申立てを基礎づけるために提出する一切の裁判資料をいう。

キーワード 防御方法
被告が反対申立てを基礎づけるために提出する一切の裁判資料をいう。

す。そのようなことが裁判のテーマだとしたら、はっきり最初に言っておいてくれればよかったのにということになります。私は別のほうばかり防御してましたよ、Aというものについて防御していたら、Bについて判決がでてしまったというのではたまったものではないわけです。

　ですから、その審判対象をはっきりさせるということは、被告にとって、防御の対象をはっきりさせるという意味で重要です。被告を不意打ちの危険にさらさないようにしなければなりません。また、裁判所にとっても、どのような審理をなすべきか、また、どういう判決をだすべきかということについて、訴訟物が特定されないと困るということになります。

　そこで、当然、訴訟物は特定されなければなりません。訴訟物が特定されなければならないのは、被告の防御のため、それから、裁判所の審理・判決の対象をはっきりさせるために必要となります。

❷ 訴訟物の特定の仕方──旧訴訟物理論と新訴訟物理論
（1）旧訴訟物理論

　さて、特定の仕方について、大きく２つの考え方があります。ここは覚えておいてください。旧訴訟物理論という考え方と、新訴訟物理論という考え方と、２とおりの考え方が民事訴訟法にはあるのです。

　まず、１つは、民法などの実体法を重視する考え方で旧訴訟物理論といわれます。これはどういうことかというと、実体法上の権利を基準に訴訟物を考えるのです。

　たとえば、土地明渡請求訴訟において、所有権に基づく明渡請求と債権的な明渡請求とは、別の訴訟物と考えるわけです。どういうことかというと、土地の売買契約をしたときに、その買主はその土地を明け渡せという権利があり、その根拠として民法上２種類の請求ができます。１つは売買契約が成立した瞬間、その契約に基づく目的物引渡請求権が発生します

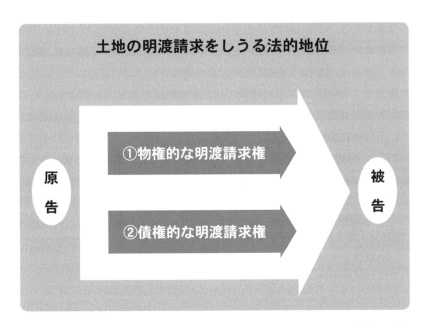

土地の明渡請求をしうる法的地位

原告 → ①物権的な明渡請求権 → 被告
原告 → ②債権的な明渡請求権 → 被告

（民法555条）。債権に基づく明渡請求権です。もう１つは売買契約が成立した瞬間、特約のないかぎり所有権が移転します（民法176条）。その所有権に基づく物権的な明渡請求ができることになります。

　その２つの請求権、２つの権利は別々の訴訟物と考えるのが、旧訴訟物理論です。債権的請求権は１つの訴訟物、物権的な請求権も別の１つの訴訟物と考えます。なぜ別々なのでしょうか。民法上の権利としては別の権利だからです。そのうちどちらか好きなほうを選んで訴えればいいのです。

（２）新訴訟物理論

　これに対して、訴訟物の特定を訴訟法独自の観点から決めていこうという考え方があり、これを新訴訟物理論といいます。これは一定の給付を求めうる法律上の地位を訴訟物として考える理論です。

具体的には、土地の明渡請求権を訴訟物として考えるのです。土地の明渡請求権は何に基づくのかというと、それは、債権に基づく場合と物権に基づく場合とがあり、実体法上は2つの構成が可能です。実体法上は別々の権利ですが、結局求めているのは土地の明渡しではないかということで、その土地の明渡しを請求しうる法的地位を訴訟物と考えてしまうのです。それが新訴訟物理論という考え方になります。

　ですから、新訴訟物理論のほうが訴訟物としては大きく捉えていくものなのです。権利ごとに細かく分析していくのが旧訴訟物理論ということになります。

　判例、通説は旧訴訟物理論なので、実務上のことも考えて、これからの話は旧訴訟物理論で考えることにします。実体法上の権利ごとに考えるということです。旧訴訟物理論は実体法上の権利としてどのような権利があるか明確にすることが必要になります。民法とそこがつながってきます。民法上の債権的な請求権が1つの訴訟物、民法上の物権的な請求権が1つの訴訟物ということになります。

　たとえば、飛行機事故が起き、乗客の遺族が損害賠償請求をする場面を考えてください。1億円の損害賠償請求をするときの民法上の根拠は何でしょうか。1つは民法709条、不法行為に基づく損害賠償請求です。交通事故の場合と同じです。もう1つは、乗客は航空会社との間で旅客運送契約という契約を結んで、安全に目的地まで運んでもらうという契約をしていたわけです。ところが、安全ではなかったわけです。そこで、民法415条1項本文による契約違反の追及、すなわち債務不履行に基づく賠償損害請求もできます。

　したがって、損害賠償請求は2本立てになります。不法行為に基づく損害賠償と債務不履行に基づく損害賠償請求です。これらは民法上は別々の請求です。このような場合、請求の根拠まで区別して考え、それぞれが

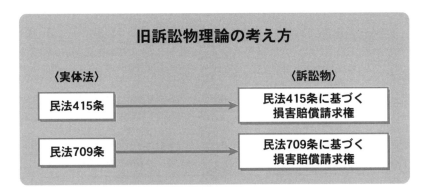

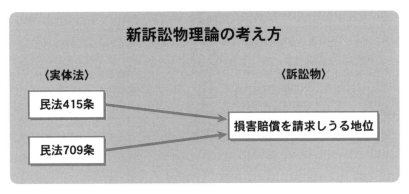

別々の訴訟物と考えていくのが旧訴訟物理論なのです。

　これに対して、1億円の支払いを受けうる法的地位を1つの訴訟物と考えるのが新訴訟物理論です。

法定審理期間訴訟手続

裁判手続がIT化される（2022年法改正）にあたって、ITツールの特性を十分に活用することで、紛争解決の実効性を担保しつつ紛争を迅速に解決するために、審理期間の定めなどがある特別な訴訟手続が設けられました。これが、法定審理期間訴訟手続（381条の2以下）です。

当事者は、一定の場合を除き、裁判所に対し、法定審理期間訴訟手続による審理および裁判を求める旨申し出ることができます（381条の2第1項）。当事者双方が申出をし、または一方当事者の申出に他方が同意している場合には、裁判所は、原則として、法定審理期間訴訟手続による旨の決定をしなければなりません（381条の2第2項）。

それでは、具体的にどのようにして迅速かつ実効的な紛争解決が図られているのでしょうか。

まず、法定審理期間訴訟手続による旨の決定があった場合には、裁判長は、当該決定の日から2週間以内の間において、口頭弁論または弁論準備手続の期日（以下「当該期日」）を指定しなければなりません（381条の3第1項）。さらに、裁判長は、当該期日から6か月以内の間に、当該事件における口頭弁論を終結する期日を指定するとともに、口頭弁論を終結する日から1か月以内の間に判決を言い渡す期日を指定しなくてはなりません（381条の3第2項）。そして、当事者の攻撃防御方法の提出は、原則として、当該期日から5か月以内に限定されています（381条の3第3項）。また、証拠調べについては、原則として、当該期日から6か月以内にしなければなりません（381条の3第5項）。そして、法定審理期間訴訟手続における期日は、「やむを得ない事由」がある場合でなければ変更できません（381条の3第6項）。これは、通常の訴訟手続における期日の変更について定めた93条3項の規定よりも厳格な要件となっています。

ここまで一連でみてきたように、法定審理期間訴訟手続においては、証拠調べや攻撃防御方法の提出を含めて訴訟の審理を6か月以内に終結させ、そこから1か月以内に判決を言い渡すことが法定されています。これにより、紛争の迅速な解決が期待できるとともに、紛争の解決に要する期間について、当事者の予測可能性が高まることになるわけです。

なお、法定審理期間訴訟手続はあくまで特別の訴訟手続なので、当事者の双方または一方が通常の手続に移行させる旨の申出をしたとき、または裁判所が法定審理期間訴訟手続により審理および裁判をすることが困難であると認めるときは、通常の訴訟手続に移行することになっています（381条の4第1項）。そして、移行することに対する不服申立ては認められていません（381条の4第2項）。

理解度クイズ③

1 請求が、特定の権利関係の存在または不存在の主張である訴えを何というか。

① 確認の訴え

② 給付の訴え

③ 形成の訴え

2 訴えの要件の有無を判断する理由は何か。

① 無駄な訴訟を省き、その余力をほかに訴訟を必要とする事件に注ぐため

② 民事訴訟における当事者間の公平を実現するため

3 二重起訴が禁止される理由として適切でないものはどれか。

① 被告の応訴の煩の回避

② 原告の意思の尊重

③ 訴訟不経済の回避

④ 判決の矛盾抵触の回避

4 次のうち、必ずしも訴えの要件とはいえないものはどれか。

① 訴えの利益があること

② 当事者適格があること

③ 正当な権利があること

※解答は巻末

I 審理の場面における裁判所と当事者の役割

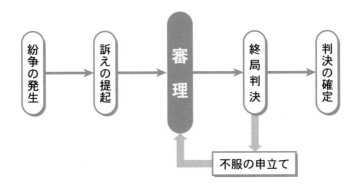

❶ 概説── 3つの場面における役割分担

　訴えを提起すると、裁判所が審理を開始することになります。この訴訟の審理のところでは、まず最初に、裁判所と当事者の役割分担について説明します。当事者と裁判所はどういう役割分担で審理を進めていくのだろうかという話です。そして、当事者が具体的にどういう内容の主張をしていくのだろうか、当事者の弁論、口頭弁論というのが、実際には法廷で行われていくのですが、そこの中身についてです。そして、実際に当事者がさまざまな主張、事実上の主張をし、更にそれを証拠で基礎づけることになります。

　裁判の手続というのは、要するに当事者がこのような弁論、口頭弁論をし、法律上の主張をしたり、事実上の主張をしたり、更には証拠を法廷に提出して、最終的には、訴訟物というものが認められるように、一生懸命裁判を進めていく手続です。

　まず最初は、審理の場面における裁判所と当事者の役割、その役割分担のところを確認しておきましょう。

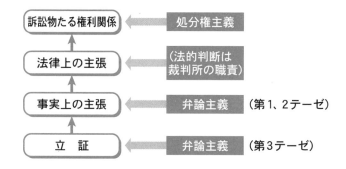

判決をもらうために、何をすればいいのでしょうか。

　裁判というのは、①その訴訟を利用するかどうか、利用の有無、それを
どの範囲で利用するのかという問題と、②訴訟の資料をどうやって集めた
らいいのだろうか、という問題、そして③具体的な手続をどのように進行
させるかという問題の３つの問題があるのです。

（1）場面１　裁判所を利用するかどうか、どの範囲で利用するのか、利用するのをやめるかどうか――処分権主義（当事者主導①）

a．裁判所を利用するかどうか

　まず、裁判所を使うかどうか、どうやって、どの範囲で裁判所を使うの
か、ということは、まさに私的自治の問題で、当事者が自分で決めればい
いことなのです。たとえば、皆さんが友達にお金を貸した、その貸したお
金を返してもらえない、さあどうしよう、といったときに裁判所を利用し
て、その貸金を返してもらおうとするのか、それとも誰か別の友達に間に
入ってもらって、その人から請求してもらうのがいいのか、それとも、直
接掛け合ったほうがいいのか、さらに、場合によっては怖いお兄さんに依
頼したほうがいいのか、どういう方法によって回収するのかというのは、
まさに当事者が自分で決めればいいことなのです。

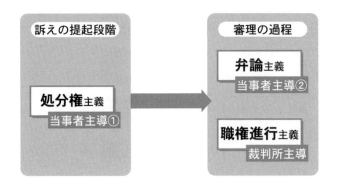

　裁判所を利用するかしないか、ということは裁判所が決めるのではなし
に、当事者が決めるということになります。裁判所は強制的に、あなたち
ょっと問題ないですか、問題があれば、裁判所でやってあげますから、と
裁判所のほうが、あちこち出向いて、解決を図るなんてことはないわけで
す。

　ですから、あくまでも当事者がまず裁判所を利用するかどうか決めます。

b．どの範囲で裁判所を利用するか

　しかも、利用すると決めた上で、どの範囲で利用するかも決められま
す。たとえば、友達に貸したお金が10万円ある、そのとき10万円全額、裁
判所を通じて請求するのだろうか、それとも、とりあえず2万円だけは
請求しておこう、というふうにしていくのか、実際に自分がもっている権
利のうちのどの範囲までを請求したらいいんだろうかを決められるので
す。

　たとえば、交通事故で自分が怪我をさせられてしまった。それでまず、
相手に損害賠償請求したとします。そのときの損害賠償請求で、最終的に
は何千万円か、億くらい請求したいところですが、とりあえずは治療費だ
け、まずはほしいという場合があります。

ADR

ADRとは、Alternative Dispute Resolution の頭文字をとったもので、「裁判外紛争解決手続」と訳されます。その言葉どおり、紛争を裁判によらずに解決するための手続の総称で、裁判外の和解のあっせん（裁判上の和解もこれに含める考えもありますが、あまり一般的ではありません）や調停、仲裁などの手続などがこれにあたります。

これまで学んできたように、民事上の紛争が生じたとき、当事者同士の話合いで解決ができない場合には、裁判による必要があります。しかし、裁判は公権力が強制的に紛争を解決するものですから、手続が厳格であることが求められます。そのため、どうしても時間がかかってしまいます。また、公平・適正な裁判の実現のため、裁判は公開が原則とされていますが、もめ事の中には公開されたくないものや、企業の特許がからむ紛争など、公開に親しまないものもあります。

このような場合、裁判にいたる前に当事者が話合いで解決できれば、それにこしたことはありません。しかし紛争が生じている場合には、両者が感情的になっている場合が多く、その場合には当事者のみの話合いで解決を望むことは困難です。そこで、スムーズに、かつお互いが納得できる解決方法を探るために、当事者同士の話合いに第三者を介入させる必要があります。そのための手続が、ADRなのです。

日本のADR機関で使われている主な手続は、調停、和解あっせん、そして仲裁です。

調停は、第三者の仲介によって紛争当事者が相互に話し合い、和解・示談の成立に努力すること、和解あっせんは、当事者間の紛争またはその他の問題の解決が促進されるよう第三者が世話をすること、と説明されていますが、調停と和解あっせんの区別は明瞭ではありません。

これに対し、仲裁とは、紛争当事者の合意（仲裁契約）により仲裁人を選出し、その仲裁人の判断によって紛争を解決することをいいます。仲裁契約の内容は「仲裁人を選任して、法律関係等の判断をさせ、双方がこれに従う」という約定になります。仲裁では、当事者がどの仲裁機関で行うか、仲裁人を誰にするか、判断となる基準をどの法律にするか、法律以外の基準によっていいか、手続をどのように進めるかなどを選ぶことができ、その意味で「合意」に基づく紛争解決方法といえます。しかし、いったん仲裁人の最終的な判断（仲裁判断）が出ると、原則としてこれに対し不服を申し立てることも、改めて裁判所に訴えることもできず、法律上はかなり強力な効果があります。この点で、欧米では、仲裁はADRではないという意見が有力です。実際、「仲裁センター」など、日本のADR機関で「仲裁」という名称が使用されているところでも、仲裁事件を扱っているケースは少なく、取扱事件の多くは和解あっせん・調停になっています。

というのも、実際に1000万円だとか、１億円だとか損害賠償の請求をするために裁判所を利用しようとすると、実は無料ではなく印紙というものを貼って訴えなければならず、数万円なり、数十万円なりのお金が必要になります。

　その印紙の額というものは、相手方にいったいいくら請求するのか、その金額によって違ってきます。ですから、最終的に１億円請求したい、なんてことになると、かなりの金額の印紙を貼らなくてはなりません。そこでとりあえずは、治療費だけ請求しておこうということになれば、その印紙の額を若干セーブすることもできたりします。ですから、本当は１億円請求したいのだけれど、とりあえずは、1000万円だけ請求しようというふうに、どの範囲で裁判所を利用しようとするのか、それも当事者が自分で決めることができるというわけです。

ｃ．裁判所を利用するのをやめるかどうか

　このように、開始するかどうか、それから、どの範囲で裁判所を利用するのか、そしてまた、場合によっては、いったん裁判所に訴えを出して、利用し始めたのだけれども、途中で相手方が払ってくれるなんて言い出したので、もう裁判はいいやと訴えを取り下げて（261条）訴訟を終結させてしまうこともできます。

　そんなふうに、もはや裁判所を利用するのはやめますということも当事者が自分で決めることができるのです。

　そのように、訴えを開始するかどうか、どの範囲で裁判所を利用するのか、そして、どういうときに裁判をやめるのか、そういうことを当事者が自由に決められる、それを処分権主義といいます（246条参照）。訴えの提起、紛争の処理の範囲、訴訟の維持や終了、こういったものを当事者が自由に決められること、それが処分権主義です。

キーワード　処分権主義
訴訟の開始、訴訟物の特定、訴訟の終了・紛争の実体的
解決について、当事者に処分権能を認め、自由に決定で
きるとする原則をいう。

d．なぜ、処分権主義がとられるのか

　それでは、なぜ、処分権主義がとられるのでしょうか。なぜ、そういうことを当事者に任せるのでしょうか。そもそもここで問題になっている訴訟物というのは、私法上の権利なのです。その私法上の権利については、そもそも請求するかどうか、それからいくら請求するか、いったんは請求し始めたのだけど、やっぱりいらないよって言うかどうか、これは全部、私的自治なわけです。これは訴訟物たる権利が、私的自治に委ねられているものだからです。ですから、処分権主義というのが出てくるのです。

（2）場面2　どういう資料に基づいて解決していくのか──弁論主義（当事者主導②）

　その処分権主義によって裁判所を利用するというのが決まったら、次に、その裁判をするための資料、訴訟資料を誰が集めてくるか、それが弁論主義の話です。利用するとして、いかに解決していくか、どういう資料に基づいて解決していくんだろうというと、それは当事者が集めてきた資料に基づいて解決するというのが原則なのです。それが弁論主義という考え方なのです（⇒95頁）。

　裁判所が、積極的にあちこち調べ回って、裁判官があちこち証拠を集めて回って、ということは基本的にはしません。あくまでも当事者が集めてきた証拠に基づいて、またはその当事者が主張していることに基づいて、裁判を行うというのが弁論主義です。ですから、解決の仕方も、当事者が集めてきた資料に依存することになります。そこまでが当事者主導なのです。

（3）場面3　実際に裁判はどのように進めていくのか──職権進行主義（裁判所主導）

　これに対して、実際の裁判を進めていくという場面では、どうでしょう

か。たとえば、その証拠調べならば、どの証拠から先に調べるのかとか、その証人尋問をするかしないかとか、そういうきわめて手続的な訴訟の進行の仕方、そこは裁判所がイニシアティブをとるということになるわけです。

なぜ3番目のところだけ裁判所がイニシアティブをとるのでしょうか。それは無駄がないようにするためです。

というのは、当事者にとってみれば、できるだけ慎重にしてもらいたいという当事者もいるかもしれない、反対にできるだけ早く進めてもらいたいという当事者もいるかもしれません。ですから、その辺のバランスをとって、裁判所は公平でしかも迅速・適正な手続というものを進めていく。また、無駄がないように裁判所が進行管理してあげるということです。これを、職権進行主義といいます（→101頁）。

このように、裁判を進めていく上で、重要なポイントが3つあるわけです。まず始めるかどうか、終わるのは、いつ終わるのか、当事者の意思によって終わるのかどうかという話です。そして、解決するとして、いかに解決するのか、どういう資料に基づいて解決していくのかが、2つ目のポイントです。そして、具体的な手続として、何をどういう順番で調べたらいいんだろうかという具体的な進め方が、3つ目のポイントです。この3つの場面において、それぞれに役割分担が決められているということをちょっと頭に入れておいてください。

これは重要です。当事者主導とか、裁判所主導とかいいましたが、これはあくまでも原則です。これに対しては、たとえば弁論主義に対しては、その例外みたいなものがありますし、職権進行主義に対しても、その例外的なもの、その修正みたいなものもあります。

というのも、資料について当事者に任せてばかりもいられない場合だって、例外的にもちろんあるわけです。当事者が証拠を集めてくるといって

キーワード　職権進行主義
審理の進行・管理が裁判所の主導
の下で行われる原則。

も、集めきれない場合だってあるだろうし、当事者の言い分だけに任せてしまうと、かえって不公平な裁判になってしまう場合もひょっとしたらあるかもしれません。ですから、裁判所があえて出ていくという場合だってあるでしょう。

それから、また逆に裁判の進め方は職権進行主義というけれども、当事者の異議、つまり当事者にも文句を言わせる機会だってなければ困ります。ですから、これらが一応原則なのだけれど、いわば修正なり、補充なり、例外なりもあるということなのです。

❷ 処分権主義——当事者の役割①

（１）処分権主義①——訴えの提起の場面（裁判所を使うかどうか）

処分権主義ですが、先ほども言ったように訴訟の開始、内容、終了の決定を当事者に委ねるという考え方をいいます。

まず訴訟を開始するかどうか、これは、具体的には訴状を提出するかどうかといったことで決まってしまうわけですが、134条をみてください。

▶▶▶**第134条**（訴え提訴の方式）
① **訴えの提起は、訴状を裁判所に提出してしなければならない。**
② **訴状には、次に掲げる事項を記載しなければならない。**
1　当事者及び法定代理人
2　請求の趣旨及び原因

134条１項には「訴えの提起は、訴状を裁判所に提出してしなければならない」と書いてあります。ですから、訴状を裁判所に提出するかどうかということは、まさに当事者に委ねられているわけです。当事者が訴状を提出しなければ、裁判は始まらない、ということになります。ですから、まずこの134条で開始されるわけです。開始が当事者に委ねられている、ということになります。2022（令和４）年改正により、インターネットを

用いてオンラインで訴えの提起等が可能となりましたが（132条の10第1項）、やはり、裁判の開始は当事者に委ねられています。

（2）処分権主義②——訴えの内容、範囲（どの範囲で裁判所を使うか）

そして、裁判の内容、訴えの内容は、246条です。処分権主義の重要な条文になります。

▶▶▶第246条（判決事項）

裁判所は、当事者が申し立てていない事項について、判決をすることができない

246条には「裁判所は、当事者が申し立てていない事項について、判決をすることができない」と書いてあります。たとえば、100万円の債権のうち当事者は80万円しか請求していないとします。そんなときに裁判所は100万円の請求を認めるという判決はだせないわけです。裁判所としては債権が100万円あるとわかったとしても、当事者が80万円しか請求していなければ、80万円という判決しかだしてはいけないということをいっているわけです。これも処分権主義の内容に関わるところです。

（3）処分権主義③——訴えの終了の場面（裁判所を使うのをやめるかどうか）

a．訴えの取下げ

それから訴訟の終了についてです。これはけっこうたくさんあります。当事者が自分の意思で、訴訟を終了させてしまうことができるという、終了の場面における処分権主義のあらわれは4つあります。

まず、261条をみてみましょう。

キーワード 訴えの取下げ
裁判所に対する請求の当否についての審判の申立ての全部または一部を撤回する原告の訴訟行為をいう。

▶▶▶**第261条**（訴えの取下げ）

　① **訴えは、判決が確定するまで、その全部又は一部を取り下げることができる。**

　〈2項以下　略〉

　261条に訴えを取り下げてしまうことができる要件が書かれています。一度、訴えを提起したけれども、やはり裁判なんかで解決するのはよくないというので、その訴えを取り下げてしまう。もう争う必要はなくなりましたというので、訴え自体をやめてしまうのが261条の内容です。

　「訴えは、判決が確定するまで、その全部又は一部を取り下げることができる」ということです。もう、裁判で争うのはやめますというふうに引っ込めてしまうことです。いったん、殴りかかったのだけれども、もう引っ込めちゃう、やっぱりやめましょう、というのが訴えの取下げということになります。

b．請求の認諾

　それから、請求の認諾、請求の放棄、訴訟上の和解というのがあります。請求の認諾というのは、被告が原告の請求の全部または一部に理由があることを認める、訴訟上の陳述をいいます（266条、267条）。原告の請求の全部または一部を「そのとおりです」と認めるわけです。これは被告が認めます。すなわち、相手方のほうがごめんなさいをして認めてしまうわけです。

　たとえば、100万円払えという原告の訴えが出されたときに、「すみません。100万円確かに支払います」というふうに被告が認めてしまうことを請求の認諾というのです。ですから、この請求の認諾というのは、要するに原告勝訴判決と同じことになります。そうだとすれば、相手方のほうがもう負けを認めているのだから、判決を待つまでもなく、そこでおしまいというふうにしてしまってもいいじゃないかというわけです。

（キーワード）**請求の認諾**
被告が原告の請求の全部または一部に理由があることを認める訴訟上の陳述をいう。

ｃ．請求の放棄

　次に、請求の放棄（266条、267条）です。今度は逆に原告のほうが負けを認めるわけです。原告が自分で訴えを出したのだけれども、それは間違っていたということを認めてしまうことです。要するに、これは原告の敗訴と同じことになるわけです。請求の棄却と同じ意味をもっている、それが請求の放棄ということになります。

　請求の認諾は被告が主体、請求の放棄は原告が主体ということになります。

　請求の放棄は、原告のほうが100万円を払えと請求したのだけれども、100万円の請求権はなく、「ごめんなさい。間違っていました。請求権はありませんでした」ということを原告が認めてしまうことです。

ｄ．訴訟上の和解

　それから、訴訟上の和解です（267条）。これは100万円の請求に対して、50万円だけ今すぐ払うから、50万円に負けてくれというような形でお互いが譲り合って、解決することです。267条をみてみましょう。

> ▶▶▶**第267条**（和解等に係る電子調書の効力）
>
> 　①　裁判所書記官が、和解又は請求の放棄若しくは認諾について電子調書を作成し、これをファイルに記録したときは、その記録は、確定判決と同一の効力を有する。
>
> 　②　前項の規定によりファイルに記録された電子調書は、当事者に送達しなければならない。この場合においては、第255条第2項の規定を準用する。

　267条にｂからｄまでの3つともが登場します。「和解又は請求の放棄若しくは認諾について電子調書を作成し、これをファイルに記録したときは、その記録は、確定判決と同一の効力を有する」とあります。

　ですから、当事者が負けを認めてしまったり、話合いをして、これでおしまいにしようということになって、それを電子調書で作成し、これをファ

キーワード　請求の放棄
原告が自己の請求の全部または一部に理由がないことを認める訴訟上の陳述をいう。

キーワード　訴訟上の和解
当事者双方が、請求についての主張を譲歩し合った結果を、訴訟上一致して陳述する行為をいう。

イルに記録すると、もうそれは確定判決と同じ効力をもつことになります。

　以上、当事者が訴訟を終わらせる方法として、この4種類は覚えておきましょう。

　要するに、原告の勝ちなのか、負けなのか、あるいは痛み分けなのかということが明らかにされて、一定の紛争解決基準が示されることになります。

　これに対して、訴えの取下げというのは、何もなかった状態に戻るだけで、何らの紛争解決基準も示されない、というようなものなのです。

❸ 事案の解明（弁論主義）──当事者の役割②

　それから、弁論主義ですが、今までの処分権主義というのは、裁判所を利用するかどうか、いかなる範囲で利用するかでした。

　では、利用するとして、どのように解決していくのかというのが、弁論主義というものの話です。民事訴訟は通常、私人間相互で自由に紛争解決できる私的紛争ですから、たとえ、国家権力で解決するにあたっても、なるべく、当事者の自主的解決に近いことが望ましいと考えていくわけです。そこで、事件についての判決も、当事者の弁論にあらわれたところに従って解決していけばよいということになります。

　このような趣旨から、訴訟資料の収集・提出を当事者側の責任にする、これを弁論主義といいます。

　弁論主義というのは、判決の基礎資料の収集・提出を当事者側の責任・権能とする原則だというわけです。要するに、裁判所がそういうものを集めるのではなくて、当事者が集めていくということなのです。

（1）なぜ弁論主義なのか

　それでは、なぜ当事者がイニシアティブをとって、裁判の資料などを集めるのでしょうか。これはやはり、①私的自治の要請です。加えて、②不

キーワード **弁論主義**
判決の基礎資料の収集・提出を当事者側の責任・権能とする原則をいう。

意打ち防止という趣旨もあります。そういった趣旨から、当事者に主導権を握らせてあげよう、当事者がイニシアティブをとるのがいいのではないかというふうに考えていくわけです。

　まず、①について、そもそもそこで問題となっている訴訟物自体が、私法上の権利、私人間の権利、義務なわけですから、私人間の権利、義務の解決の仕方は、当事者が自主的に解決することに近いほうが望ましいのではないかという発想があります。すなわち、もともとの権利自体が私的自治に任されている権利なわけですから、それをどのようにして争うかということも当事者の意思に基づいて、当事者に主導権を握らせようというわけです。

　次に、②についてですが、当事者がいろいろかき集めてきた基礎資料に基づいて、判決を書くというふうにしておけば、原告も自分たちが集めてきたものを資料にして、判決がだされるわけですから、一応予測がつくわけです。

　もしこれが、裁判所が勝手に集めてきた資料に基づいて、判決をすることができるということになれば、当事者がまったく知らないような資料を基礎にして、裁判所がいきなり判決をすることになり、これは不意打ちになってしまう危険性があるというわけです。ですから、その不意打ち防止的なところもあります。

　そして、この弁論主義は実は3つの内容に分かれているのです。それを、第1テーゼ、第2テーゼ、第3テーゼなどという言い方をします。

（2）弁論主義——第1のテーゼ

　第1テーゼは、裁判所は当事者の主張しない事実を判決の基礎として、採用してはならないということです。

　当事者が主張をしていない事実を判決の基礎として使ってはいけません

よ、ということです。これはどういうことかというと、たとえば、売買代金の100万円を請求するという訴えを提起したとします。そのときに、被告のほうが、いやその100万円ならば弁済してますよ、という反論を出したとします。そうすると、裁判所としては、その弁済があったかどうかということだけを、一生懸命調べればいいということになるわけです。

　要するに、100万円の売買代金を払えという請求をされた被告のほうとしては、いろいろな反論が考えられるわけです。すでに100万円は支払済みですよ、だからもう払う必要はないでしょうという反論もあるだろうし、いやあの売買契約は錯誤に基づいて取り消した（民法95条）から、私は代金なんか払いませんよという反論があるかもしれませんし、そのほかにもいろいろな反論が考えられます。

　そのときに、裁判所はどういう反論について判断すべきなのかというと、あくまでも被告という当事者が主張してきた反論、主張してきた事実があるかどうかだけを調べればいいということになるのです。ですから、たとえば被告が弁済したということを一生懸命に主張しているとします。ところが、いろいろ証拠調べをしてみると、どうも被告は法律をよく知らないものだから、弁済したとか言っているけれど、実は弁済ではなくて、この売買契約自体が、そもそも錯誤取消しにより無効なのではないかというふうに裁判所は感づいたとします。

　この場合、裁判所としては証拠調べや証人尋問など、いろいろやる中で、この売買契約は、被告の錯誤であるから取消しにより無効ではないかと気づいたわけです。そういう意味で被告は、代金100万円なんて払わなくていいはずだというふうに裁判所としては思うわけです。

　しかし、錯誤取消しだということを被告が主張していないかぎりは、裁判所は錯誤取消しにより無効だから代金を払わなくていい、という判決は書けません。あくまでも当事者が主張した事実に基づいてしか判決を書い

てはいけない、ということが第１テーゼなのです。

　もちろん、法律を知らない素人が、被告として、弁護士も頼まず、法廷に出てきた場合には、どういう法律的な反論をしていいかわからないこともあります。ですから、そういうときには例外的に裁判所が、その被告に対して、いろいろ質問したり、反論しなくていいのですかとか聞いてみたりして、若干のアドバイスをするということもあります（釈明権、149条）。しかし、それは、例外的なこと、修正のようなものです。あくまでも原則は当事者がイニシアティブをとるということが第１テーゼの意味です。

（３）弁論主義──第２のテーゼ

　第２テーゼは、裁判所は当事者間に争いのない事実をそのまま判決の基礎として採用しなければならないという原則です（179条参照）。

　たとえば、申込みと承諾の合致によって売買契約を成立させたのだけれども、代金を払ってくれないというような訴えを提起したとします。そのときに、原告が被告との間で売買契約を締結したという事実については、原告も被告も特に争っていないのならば、裁判所はそのとおりの判断をしなければならないということです。要するに、当事者が争っていない事柄については、当事者が納得しているとおりの事実に基づいて判決をださなければいけませんよということなのです。

　たとえば、裁判所はいろいろ証拠調べをしてみたら、この自動車を100万円で売ってくださいという申込みだったのに、それに対する承諾のほうがあの別の自動車を100万円で売りますというように、申込みと承諾が一致していないということがわかったとします。

　ところが、原告が申込みと承諾が合致していると主張し、それに対し、被告が何も反論しない、要するにそれでいいんだというふうに言っている

場合には、真実と違っていたとしても、裁判所はその当事者が納得したところで、判決を書かなければいけないということなのです。それが第2テーゼです。

　当事者間に争いのない事実は、そのまま判決の基礎として採用しなければならないということです。簡単に言えば、真実と両当事者の合致した主張が食い違った場合には、その当事者間の合致した主張を採用するということです。判決の基礎となる事実は必ずしも真実とはかぎらないのです。これが民事訴訟の大きな特徴です。

　民事訴訟というのは、真実と当事者の合致した主張とが食い違った場合には、当事者の合致した主張のほうを採用してしまう制度なのです。ですから、本当の意味の真実を明らかにするというのは民事訴訟の目的ではありません。民事訴訟の目的の中に真実発見は出てきません。では、何が目的なのでしょうか。それは当事者間の紛争の解決です。当事者間の争いを解決すること、争いをやめさせることが民事訴訟の目的です。

　したがって、真実とは違うけれども、両当事者がお互いに納得しているならば、それでよし、という考え方を採ります。そのように当事者が納得した、主張が合致したところを基礎として裁判をしてしまうわけです。それをいわば真実とみなしてしまうわけです。そのような考え方を形式的真実主義といいます。

　これに対して、刑事訴訟は真実を発見することが目的です。ですから、たとえば被告人が「私がやりました。私が殺しました。」ということを自白していたとしても、よく調べてみたら、それは嘘の自白でこの被告人が真犯人ではないということがわかったならば、無罪の判決をださなくてはいけないわけです。それは刑事裁判は真実発見が目的だからです。決して紛争解決が目的なのではなく、刑事裁判では真実発見が目的ですから、本当の真実を見つけださなくてはいけないわけです。

このように、刑事裁判が本来の意味での真実発見を目的とするということを実体的真実主義というふうにいったりします。形式的真実に対して実体的真実という言い方をします。

（4）弁論主義──第3のテーゼ

第3テーゼは、当事者間に争いのある事実を証拠によって認定する際には、必ず当事者の申し出た証拠によらなければならないということです。

これは、第2テーゼのところで、争いのない事実については、そのまま判決の基礎に採用するということをお話しました。これは争いのない事実については真実とみなしてしまうわけですから、証拠調べがいらないということです（179条）。当事者の納得した事実については、証拠調べは必要ありません。当事者の意見が食い違った事実、それについてだけ、証拠調べをします。

当事者が争っている事柄について、証拠により認定しようとする際に、当事者がこの証拠を調べてくださいと申し出た、その証拠に基づいてしか裁判をしてはいけません、ということが第3テーゼです。

さて、第2テーゼと第3テーゼはどこが違うのかというと、第2テーゼは主張のレベル、特に事実上の主張のレベルの問題で、第3テーゼというのは、立証レベルの問題です。27頁、28頁でお話した4番目の立証レベルの問題です。つまり、次元の違う、レベルの違う場面での話ということになります。それだけちょっと気をつけておいてください。

（5）弁論主義の例外──職権探知主義

ただし、弁論主義は当事者の自主的紛争解決機能に基づいて、紛争の当事者間のみでの解決、すなわち相対的な解決を図るためのものです。ですから民事事件でも、その解決の結果である判決の効力を、広く第三者にも

キーワード **職権探知主義**
判決の基礎をなす事実の確定に必要な資料の探索を裁判所の職責ともする建前をいう。

画一的に及ぼさなければならないような場合（＝対世効のとき）には、弁論主義によると、第三者の利益を害するおそれがあります。

　要するに、その両当事者が納得すれば、それでおしまい、というものについては、この弁論主義をそのまま使えばいいわけです。けれども、第三者にも影響するような事柄については、たとえば、原告と被告を離婚させるというようなことはすべての人に対して影響するわけだから、そんなふうに第三者にも影響するような事柄については、弁論主義をそのまま認めてしまうと第三者の利益を害したりすることもあります。そこで、裁判所は事実関係を探知し必要な証拠を取り調べることが場合によってはあります。これを職権探知主義といいます。

　職権探知主義は弁論主義の対概念みたいなものですが、これは人事訴訟事件に多く採られています。たとえば、AがBさんの子かどうかを調べるとか、離婚が認められるかどうか調べるとか、そういうさまざまな場面において、職権探知主義というものが認められます。

　人事訴訟というのは、家族法におけるさまざまな訴訟だと思ってください。特に家族法の中でも親族法がらみのものです。親子関係、婚姻関係などの親族法がらみの訴訟については、第三者に対しても影響するので、裁判所は責任をもって証拠収集にあたることを職権探知主義というのですが、そういうものが例外的にあるということを覚えておいてください。

❹具体的な裁判の進行（職権進行主義）──裁判所の役割
（1）訴訟指揮権

　ここまでの話は当事者がイニシアティブをとっていくということでした。一方、具体的な裁判の進行の仕方については裁判所の役割で、職権進行主義ということになります。

　訴訟の審理を迅速に、しかも完全に果たすためには、訴訟手続を適法に

> **キーワード　裁判所の訴訟指揮権**
> 裁判所の有する訴訟の主宰権能をいう。

行うべきこと、また各場合に応じた適切な処理が必要です。そのための訴訟の主宰機能、これを訴訟指揮権といいますが、これが裁判所に認められています。訴訟指揮というのは、その訴訟をどのように進めていくのかという、その裁判のやり方みたいなものです。

　では、ここで証拠調べをしましょうか、ここでは原告の言い分はちょっと待っててください、まだここでは主張しないでくださいなどといろいろなこと、いわば交通整理をすることです。

　たとえば、期日の指定があります。

　　▶▶▶第139条（口頭弁論期日の指定）
　　　訴えの提起があったときは、裁判長は、口頭弁論の期日を指定
　　し、当事者を呼び出さなければならない。

　いつ裁判を行うのか、口頭弁論をいつ行うのかというようなことは原則として裁判所が決めます。それから口頭弁論の最中における訴訟の指揮もそうです。もうちょっと詳しく話してほしいとか、そこのところはもう言わなくてもいいとか、口頭弁論の指揮については148条で規定してあります。

　　▶▶▶第148条（裁判長の訴訟指揮権）
　　　①　口頭弁論は、裁判長が指揮する。
　　　②　裁判長は、発言を許し、又はその命令に従わない者の発言
　　を禁ずることができる。

（2）釈明権

　それから、弁論主義に対してそれを補完するものとして、当事者の弁論の不十分な点を補うために釈明権というものが認められています。

　149条をみてください。

　　▶▶▶第149条（釈明権等）
　　　①　裁判長は、口頭弁論の期日又は期日外において、訴訟関係

キーワード　釈明権
当事者の訴訟行為の趣旨・内容を明確にするため、事実上および法律上の事項に関し、当事者の陳述の不明確または不完全な点を指摘して、訂正・補充の機会を与え、また証明の不十分な点を指摘して更なる立証を促す裁判所の権能をいう。

を明瞭にするため、事実上及び法律上の事項に関し、当事者に対して問いを発し、又は立証を促すことができる。

　〈2項以下　略〉

　149条1項には、裁判長は「訴訟関係を明瞭にするため、事実上及び法律上の事項に関し、当事者に対して問いを発し、又は立証を促すことができる」と書いてあります。たとえば、先ほどちょっとお話したように、当事者が法律の素人で弁護士も頼んでいない場合、被告本人が法廷に出てきて「弁済しました」と主張したとします。しかし、実は錯誤取消しにより契約自体が無効であるかもしれないし、その弁済は実は代物弁済だったのかもしれません。このような場合、法律的に難しい部分のところは当事者にはわからないので、裁判所が、それを補う形で、問いを発します。たとえば、「ねえ、あなた弁済、弁済と言ってるけれど、錯誤取消しによる無効は主張しなくてもいいんですか」というふうに聞いてあげたりするとか、わけのわからないことを言っているときに、「それはお金を払ったという意味なのですか、すなわち弁済したという意味なのですか」というようなことを確認してあげたりすることがあります。それを釈明というわけです。

　まさにこれは弁論主義を補完するものだと思ってください。この釈明権という言葉と訴訟指揮権という言葉については、ちょっとイメージをもてるようにしておきましょう。

Ⅱ　当事者の弁論の内容

❶訴訟行為

（1）申立てと陳述

　さて、以上のような役割分担に基づいて、具体的に当事者が弁論をしていくことになります。当事者がさまざまな主張をしていく場面が、口頭弁論という場になります。

　終局的裁判に向けて訴訟手続を展開させていく、当事者および裁判所の行為を訴訟行為といい、当事者が行う訴訟行為として申立てと陳述があります。申立てというのは訴えを提起する、訴訟を要求する、そういう当事者の訴訟行為です。これに対して、陳述というのは、自分の知識や意見を裁判所に対して表明する、報告していくというものです。

（2）本案の申立てと攻撃防御方法

　当事者が、そのように申立てと陳述をしていくということになるのですが、そのときにこういった分類とは別に、当事者双方の訴訟行為の対応関係から、本案の申立てと攻撃防御方法というものもあるわけです。

　本案の申立てとは、通常の当事者双方の終局判決で裁判される事項についての陳述なのですが、訴えを提起して請求をしたりすることです。これに対して、攻撃防御方法とは、原告が攻撃的な申立てを、被告が防御的な申立てを貫徹し、理由づけるためにする手段的な陳述です。

　たとえば、先ほどの例にあげました、弁済したとか、錯誤取消しによる無効だとかいうような主張が、まさに被告の防御方法といえます。そして、そういう被告の側の防御方法に対して、原告の側は更に攻撃をします。「あなたは錯誤取消しによって無効だというけれども、実は重大な過

キーワード　申立て
裁判所に対して、種々の裁判や証拠調べなどを要求する当事者の訴訟行為の総称をいう。

キーワード　陳述
自分の知識や意見を裁判所に対して表明する性質の行為をいう。

失があったのではないですか」と言って、更に反論したりします。そのような主張が今度は攻撃方法だったりするのです。そんなふうに原告の側の攻撃に対して被告の側の防御、これのやりとりによって裁判の主張が進んでいくということになるわけです。

❷ 弁論の手続

（1）口頭弁論の諸原則

　さて、具体的な手続ですが、弁論の手続、審理は原則として口頭弁論の形式で行われます。ここで口頭弁論とは、受訴裁判所がみずから当事者双方を口頭で審尋する方式です。ちなみに、受訴裁判所とは訴えを受け取った裁判所のことを意味します。

　当事者双方を同時に、つまり原告がいる場面で被告、被告がいる場面で原告という意味ですが、それぞれに対して口頭でいろいろ述べてもらうことが口頭弁論です。書面を出すだけでなくて、つまり、書面を郵送で送って書面でやり取りするのではなくて、実際に法廷に原告被告が出てきてもらって、そこでいろいろしゃべってもらうというようなイメージです。ただし、実際に法定に出向く方法以外に、映像と音声の送受信により相手の状態を相互に認識しながら通話をすることができる方式（ウェブ会議等）による口頭弁論の規定（87条の2）が、2022（令和4）年にできました。

　口頭弁論には、以下の原則が要求されます。以下の原則は、どれも大切です。

a．双方審尋主義

　片方の言い分だけではなく、両方の言い分を平等に聞きましょう（武器平等原則）、というのが双方審尋主義です。これは、公平という観点からすれば、当たり前のことです。

キーワード 本案の申立て
当事者双方の終局的判決で裁判される事項についての陳述をいう。

キーワード 双方審尋主義
裁判する前に当事者双方にその言い分を述べる平等の機会を与える建前をいう。

b．口頭主義

次に、口頭主義です。

> ▶▶▶**第87条**（口頭弁論の必要性）
>
> ①　当事者は、訴訟について、裁判所において口頭弁論をしなければならない。ただし、決定で完結すべき事件については、裁判所が、口頭弁論をすべきか否かを定める。
>
> 〈2項以下　略〉

当事者と裁判所の訴訟行為は、口頭の陳述と、その聴取によって行われます。実際に口頭で進行していくのが基本というわけです。口頭弁論（87条1項本文）の中の、「口頭」の部分を強調したものです。

c．直接主義

それから、直接主義です。

> ▶▶▶**第249条**（直接主義）
>
> ①　判決は、その基本となる口頭弁論に関与した裁判官がする。
>
> 〈2項以下　略〉

弁論の聴取や証拠調べは、判決をする裁判官自身が行うという意味です。判決をする裁判官自身がみずからの目で見たり、耳で聞いたりしなければいけないということになっています。

d．公開主義

最後に、公開主義です。これは憲法82条の要請です。

> ▶▶▶**憲法第82条**
>
> ①　裁判の対審及び判決は、公開法廷でこれを行ふ。
>
> ②　裁判所が、裁判官の全員一致で、公の秩序又は善良の風俗を害する虞があると決した場合には、対審は、公開しないでこれを行ふことができる。但し、政治犯罪、出版に関する犯罪又はこ

キーワード **直接主義**
弁論の聴取や証拠調べを判決をする裁判官が自分で行う原則をいう（249条）。

キーワード **公開主義**
訴訟の対審および判決を公開の法廷で行う原則をいう（憲法82条）。

の憲法第3章で保障する国民の権利が問題となってゐる事件の対
審は、常にこれを公開しなければならない。

このようなさまざまな原則があります。

（2）必要的口頭弁論の原則

　必要的口頭弁論の原則とは、訴訟について判決をするには、原則として
口頭弁論を開いて審理しなければならないという原則です（87条1項）。
それを必要的口頭弁論の原則といいます。口頭弁論を開いて審理して、そ
れで初めて判決をだすことができるということです。87条1項をみてみま
しょう。

> ▶▶▶第87条（口頭弁論の必要性）
> 　① 当事者は、訴訟について、裁判所において口頭弁論をしな
> ければならない。ただし、決定で完結すべき事件については、裁
> 判所が、口頭弁論をすべきか否かを定める。
> 　〈2項以下　略〉

　ここには、「当事者は、訴訟について、裁判所において口頭弁論をしな
ければならない」と書いてあります。しなければならない、必要だという
ふうに書いてあります。当事者が訴訟について、裁判所において口頭弁論
ということをやらなければいけないということになっています。これを必
要的口頭弁論といっていきます。

　両当事者に口頭弁論における攻撃防御の機会を保障する、要するに手続
保障という観点から、必ず口頭弁論というものをしなければいけません、
ということになっています。

> 裁判は紛争を解決するためのものであるが、迅速な解決のために
> は、裁判自体が迅速に行われることが不可欠である。
> では、裁判が遅延する原因としてどのようなものが考えられるか。
> その対策を考えてみよう。

口頭弁論とは、公開の法廷での原告と被告のやりとりであるというぐら
いのイメージをもっておいてください。なお、ウェブ会議等による口頭弁
論もあります。

それから、法廷に出てきて、お互い当事者がやりあうことになるのです
が、ただ、何の準備もなしにいきなり法廷に出てきたのでは、法廷での時
間が無駄になってしまう危険性があります。

ですから、無駄にならないようにお互いにきちんと準備をして出てきて
ください、という訴訟の準備がいろいろと定められています。準備の機会
を設けて争点の整理をすることが必要だというわけです。

この準備の手続としては４種類あります。準備書面（161条）、準備的口
頭弁論（164条）、弁論準備手続（168条）、書面による準備手続（175条）
があります。この準備のためのさまざまな手続を充実させるということ
は、今日の民事訴訟においては非常に重要なポイントになっています。

ａ．準備書面

準備の手続としてこの４種類が用意されているのですが、特に準備書面
というものは非常に重要です。実際の民事訴訟は、この準備書面のやりと
りによって行われているといってもいいくらい、この準備書面というの
は、非常に重要です。

161条をみてください。

キーワード **準備書面（161条、162条、民事訴訟規則**
　　　　　　 ２条、民事訴訟規則79条など）
当事者が口頭弁論において陳述しようとする事項を記載
し、裁判所に提出する書面をいう。

▶▶▶第161条（準備書面）

① 口頭弁論は、書面で準備しなければならない。

② 準備書面には、次に掲げる事項を記載する。

1 攻撃又は防御の方法

2 相手方の請求及び攻撃又は防御の方法に対する陳述

③ 相手方が在廷していない口頭弁論においては、次の各号のいずれかに該当する準備書面に記載した事実でなければ、主張することができない。

1 相手方に送達された準備書面

2 相手方からその準備書面を受領した旨を記載した書面が提出された場合における当該準備書面

3 相手方が第91条の２第１項の規定により準備書面の閲覧をし、又は同条第２項の規定により準備書面の複写をした場合における当該準備書面

161条１項には、「口頭弁論は、書面で準備しなければならない」と書いてあります。必ず書面で準備しておかなければなりません。実際の裁判ではどんなふうに口頭弁論が行われるのかを知るため、これはぜひ一度、法廷で民事訴訟の裁判を傍聴してみるとよいと思います。

どういうことをやっているかというと、原告被告、あるいは両方の弁護士が代理人として出てくるのですが、そのときに「準備書面のとおり陳述します」ということをお互いに言い合っているだけです。それでまた、裁判所は「準備書面のとおりですか」と言うと、「はい、そのとおり陳述します」と言っておしまいになってしまうのです。口頭弁論というのが、実際にはものの１分もかからないで、終わってしまうのが現実なのです。

ですから、たとえば、10時の開廷ならば、その10時に10件も15件も同じ法廷で期日が入っているのです。同時に15件もやることができるのかなと、最初びっくりするのですが、実際に法廷に行ってみると、その順番に

弁護士（訴訟代理人）が出てきて、「準備書面のとおり陳述します」、「そうですか」で終わり、また、次の事件の弁護士が来て、「準備書面のとおり陳述します」、「そうですか」で終わりということが繰り返されます。ですから、本当に5分くらいの間に15件くらいの口頭弁論の期日が終わってしまいます。

　これはどういうことなのかというと、実は本来、法が予定したものが現実ではちょっと変わった形で運用されてしまっているということです。

　というのも、本来は法廷でやりとりすることをあらかじめ書面に書いて、相手方に知らせておく、裁判所にも伝えておくわけです。たとえば、ある期日に口頭弁論期日が入ったときに、いきなり本番で主張すると、相手もうろたえたり、裁判所もよく理解できなかったりするから、2週間前くらいに、書面に書いて次の口頭弁論で述べることをあらかじめ書面にして、お知らせしますというように相手方と裁判所に出しておくわけです。

　そうすると、裁判所と相手方は、その書面をあらかじめ読んでいるわけです。もちろん、相手方からその書面がきたら、こちら側も反論の書面を書いて、出しておくということもあります。両方が書面を出しあうわけです。

　事前に書面を出しあっているものですから、本来法が予定したのは、その書面で相手に事前に告知しておいて、口頭弁論の期日になりましたら、その書面に書いたようなことを、まさに口頭でしゃべる、たとえば、「いや、あれは錯誤取消しにより無効です」とか「いや、弁済はすでにしています」とか、「なぜならばこうこうです」などと、書面であらかじめお互いに知らせあっているので、法廷で口頭でやり合えるということを予定していたのです。けれども、実際は法廷でいろいろなことを口頭で言う代わりに書面に書いてあるわけですから、「準備書面のとおり陳述します」と一言いうことによって、準備書面に書いたことをしゃべったことと同じことにしてしまうわけです。

ですから、このように口頭弁論といいながらも、実は事前に出した書面の読み上げも実際はしません。実際に民事訴訟の傍聴にいっても何をやっているのかさっぱりわからないというのが普通です。それは書面を見ていないからです。

　それで、はたして本当に公開の法廷で裁判をしているといえるのだろうか、という疑問もいろいろあり、問題があるのですけれども、訴訟の促進という観点、迅速な裁判という観点からは、たしかにそうやって事前に準備書面を出してもらうと、それによって理解が深まるということになります。

　したがって、一応、形の上では口頭弁論ということにはなっているのですが、実際にはその書面をやりとりして、その書面を読んで、判決を書くというのが現実なのです。裁判官はその書面を裁判官室で読んだり、自宅に持って帰って読んだりして、それに基づいて、判決を書いたりします。ただもちろん、口頭弁論でお互い準備書面を出しあって、お互いの主張を突き合わせてみると、意見が食い違っていたりするわけです。一方は弁済したと言って、一方はまだ弁済がないと主張したりする場合もあります。その場合は食い違っている部分について、お互いの主張は出尽くしているので、その意見の食い違っているところを整理して、その点について裁判所は証拠調べを次回から行いますと宣言して証拠調べの手続に入るわけです。

　ですから、その証拠調べの手続に入ると、証人を呼んできたり、いろんなことをやりますから、傍聴していても多少は意味がわかるようになります。

ｂ．準備的口頭弁論

　準備書面というもののほかに、準備的口頭弁論があります。この準備的口頭弁論というのは、口頭弁論を本格的な審理とそのための準備の段階に分けたうちの、その争点を整理したりする、準備の段階の部分のことをい

> **キーワード** 準備的口頭弁論（164条〜167条、民事訴訟規則86条、民事訴訟規則87条）
> 口頭弁論を二段階に分けて、まず争点・証拠を整理し、その上で本来の口頭弁論を行う場合の、前段階の口頭弁論をいう。

います。

▶▶▶**第164条**（準備的口頭弁論の開始）

**裁判所は、争点及び証拠の整理を行うため必要があると認める
ときは、この款に定めるところにより、準備的口頭弁論を行うこ
とができる。**

c. 弁論準備手続

1996（平成8）年の改正で、旧法における準備手続と実務上訴訟促進・
争点整理のために考案された弁論兼和解の手続を整理・強化した弁論準備
手続ができました。弁論準備手続は争点および証拠の整理を目的とする特
別の手続です。

▶▶▶**第168条**（弁論準備手続の開始）

**裁判所は、争点及び証拠の整理を行うため必要があると認める
ときは、当事者の意見を聴いて、事件を弁論準備手続に付するこ
とができる。**

また、2022（令和4）年改正により、電話会議等による弁論準備手続を
行うことができるようになりました。

▶▶▶**第170条**（弁論準備手続における訴訟行為等）

〈2項まで　略〉

**③　裁判所は、相当と認めるときは、当事者の意見を聴いて、
最高裁判所規則で定めるところにより、裁判所及び当事者双方が
音声の送受信により同時に通話をすることができる方法によっ
て、弁論準備手続の期日における手続を行うことができる。**

**④　前項の期日に出頭しないで同項の手続に関与した当事者
は、その期日に出頭したものとみなす。**

d. 書面による準備手続

裁判所が相当と認めるときに、当事者の出頭を要さずに、準備書面の提

キーワード **弁論準備手続**
（168条〜174条）
法廷外の裁判官室などで行う争点
整理手続をいう。

キーワード **書面による準備手続**
（175条〜178条）
裁判所が相当と認めるときに、当事者の出頭
を要さず、準備書面の提出などによって整理
を行えるとするものをいう。

出などによって整理を行えるとする制度です。1996（平成8）年の改正で新設されました（175条以下）。

また、書面による準備手続についても、2022（令和4）年改正により、電話会議等によって行うこともできます（176条2項前段）。

（4）口頭弁論の実施——口頭弁論の一体性と適時提出主義

事件の内容や当事者の態度にかんがみて、あるいは前述の準備手続などの利用により1回目の期日で判決をなすに必要な資料が得られたためなどの理由で、口頭弁論が1回で終了することもないわけではありません。

しかし、通常は、何回も口頭弁論が開かれることになります。この場合、それぞれの口頭弁論は終始一体をなし、弁論や証拠調べはどの時期でしても、原則として同一の効果をもつとされています。これを口頭弁論の一体性といいます。1回目、2回目、また10回目も同じ位置づけ、同じ意味で全体がつながって1つの口頭弁論というイメージだということです。

そうだとすると、当事者の側からみれば、当事者は口頭弁論の終結にいたるまで、いつでも随時に攻撃防御方法を提出できるという建前が導かれます。この建前を随時提出主義といい、1996（平成8）年の改正前の旧民事訴訟法ではこの随時提出主義を採用していました。

しかし、このようにいつでも提出できるとすると、せっかく審理が煮詰まってきたのに、新しい攻撃防御方法が提出され、更にそれについて審理をしなければなりません。

わが国の民事訴訟は時間がかかりすぎ、お金と時間がなければ利用できないなどといわれるような訴訟遅延の問題があり、実務においても訴訟促進のための方策が工夫されてきました。ただ実務上での工夫には限界があり、なかなか実効性が得られませんでした。

> **キーワード 口頭弁論の一体性**
> 口頭弁論終結にいたるすべての口頭弁論は全体を一体として捉え、等しく判決の基礎とされるということをいう。

そこで、1996（平成8）年の改正において訴訟促進の一環として随時提出主義を廃し、攻撃防御方法は訴訟の進行状況に応じて、適切な時期に提出しなければならないとする、適時提出主義に改められました。

156条をみてください。

▶▶▶**第156条**（攻撃防御方法の提出時期）
　攻撃又は防御の方法は、訴訟の進行状況に応じ適切な時期に提出しなければならない。

156条は「攻撃又は防御の方法は、訴訟の進行状況に応じ適切な時期に提出しなければならない」と規定しています。

たとえば、第1回の口頭弁論の期日のところで、貸したお金を返してほしいとして、金銭授受と返還の約束の2つを原告が主張します。被告のほうとしては、金銭授受と返還約束の事実について争い、何らの抗弁も出さなかったとします。

では、お金を貸したのか、貸さなかったのか、実際に100万円を渡したのか、渡さなかったのか、そこが争点だなと裁判所が考え、その部分に絞って審理を続けてきたとします。そして、では次回の期日で判決をだします、これで終わりますというくらいの時期に、被告のほうから、いきなり、実はあの契約は錯誤取消しにより無効だったのです、という抗弁とか反論がポーンと出たとします。

このように、いまさら錯誤取消しを主張されると、今までの訴訟手続が無駄なことになってしまう、そのような訴訟を引き延ばすことはやめてほしい、もし錯誤取消しを主張するならば最初から言ってほしい、ということになるわけです。

不意打ちや、隠し球みたいな主張を、ある時期にポーンとだして訴訟の駆け引きにするようなことはあまりよくないだろうということで、適切な時期にださないとだめです、という条文をおいたのです。

（キーワード）**攻撃防御方法**
原告がその攻撃的申立てを、被告がその防御的申立てを貫徹し、理由づけるためにする手段的な陳述をいう。

（5）口頭弁論期日における当事者の欠席

　それから、裁判をずるずる遅らせるために当事者が欠席してしまうという場合もあるかもしれません。また、遅らせる目的で欠席するわけではなくて、事情があって欠席することもあるかもしれません。そんなふうに当事者の一方、または双方が欠席したときに、どう対応したらよいのかという点についていくつかの規定があります。口頭弁論の基本原則である双方審尋主義、口頭主義を厳格に適用すると、口頭弁論期日に、当事者の一方あるいは双方が欠席した場合、まったく手続を進行できません。そうすると、まさにそれは訴訟の促進や出席した当事者の利益を著しく害することになります。それこそ、ずるずると裁判の進行が遅れてしまいます。そこで、その対策として、民事訴訟法は当事者の一方が欠席した場合と、双方が欠席した場合を分けていくつかの対応をしてます。

ａ．当事者の一方の欠席

　たとえば、一方が欠席した場合として、158条という条文があります。

> ▶▶▶**第158条**（訴状等の陳述の擬制）
>
> 　　原告又は被告が最初にすべき口頭弁論の期日に出頭せず、又は出頭したが本案の弁論をしないときは、裁判所は、その者が提出した訴状又は答弁書その他の準備書面に記載した事項を陳述したものとみなし、出頭した相手方に弁論をさせることができる。

　要するに、第1回の口頭弁論は休んでしまったとしても、事前に提出してある書面に記載した事項を陳述したものとみなしてくれるのです。

　一方当事者の欠席で審理を進めることができなくなるとすれば出席した当事者にとっては不利益となります。そこで、訴訟促進のために口頭主義の例外を認めたのが158条という条文です。

　それから、161条3項をみてください。

▶▶▶第161条（準備書面）

〈2項まで　略〉

③　相手方が在廷していない口頭弁論においては、次の各号の
いずれかに該当する準備書面に記載した事実でなければ、主張す
ることができない。

　1　相手方に送達された準備書面

　2　相手方からその準備書面を受領した旨を記載した書面が提
出された場合における当該準備書面

　3　相手方が第91条の2第1項の規定により準備書面の閲覧を
し、又は同条第2項の規定により準備書面の複写をした場合にお
ける当該準備書面

　これも相手方が欠席したときの条文のひとつです。準備書面が提出され
ていない場合や、提出されていても準備書面に記載されていない事実につ
いては、相手方が在廷していないときは、口頭弁論で主張することができ
ないのです（161条3項柱書）。これは、相手方に対する不意打ちを防止す
る趣旨です。

　要するに、準備書面というのは、口頭弁論で主張する予定のことを、あ
らかじめ書面に書いて、相手に伝えておくものであるわけです。そうする
と、相手方は、次回の口頭弁論では、相手はこんなことを言ってくるのだ
ろうな、たいしたことは言ってこないから次回は休んでしまえ、と考えて
休んでしまうかもしれません。

　そのときに、その準備書面を書いた側が法廷に出たとします。相手が休
んでいるので、それなら今のうちに、相手が気がつかないことをどんどん
主張してしまおうと考え、弁論したとすると、準備書面を相手に見せた意
味がなくなります。それこそ不意打ちになってしまいます。

　ですから、準備書面に書いてないことは、もし相手が欠席した、つまり

在廷していないときには、口頭弁論期日で主張することはできませんということになっているわけです。やはり書面に書いたことしか、口頭弁論では言えないわけです。書面には書かなかったから、被告は今知らないと思うけれど、こういうことが実はありましたとその場で主張するのは、フェアではないんじゃないかということです。その場合には、相手方が欠席したことについて、別途いろいろな制裁をすればいいだけだというわけです。

　このような趣旨から、当該準備書面が提出されたといえるためには、①相手方に送達されていること、②相手方からその準備書面を受領した旨を記載した書面が提出されていること、③相手方が電磁的記録の閲覧または複写（91条の2第1項、第2項）をしたことのいずれかが必要なのです（161条3項各号）。

　また、159条という条文もあります。

> ▶▶▶**第159条**（自白の擬制）
> ①　当事者が口頭弁論において相手方の主張した事実を争うことを明らかにしない場合には、その事実を自白したものとみなす。ただし、弁論の全趣旨により、その事実を争ったものと認めるべきときは、この限りでない。
> ②　相手方の主張した事実を知らない旨の陳述をした者は、その事実を争ったものと推定する。
> ③　第1項の規定は、当事者が口頭弁論の期日に出頭しない場合について準用する。ただし、その当事者が公示送達による呼出しを受けたものであるときは、この限りでない。

159条1項をみてください。「当事者が口頭弁論において相手方の主張した事実を争うことを明らかにしない場合には、その事実を自白したものとみなす」と書いてあります。

　要するに、口頭弁論の期日で一方が主張した事実について、相手方が争

キーワード **自白**
相手方の主張する、自己に不利益な事実を認める旨の陳述をいう。

わない、争うことを明らかにしない、という場合には自白したものとみなす、と書いてあります。この自白というのは、相手の言い分を認めることです。相手方の主張と一致する、自己に不利益な事実を認めて争わない旨の陳述、これを自白といい、口頭弁論期日または弁論準備手続期日においてなされたものを裁判上の自白といいます。

　つまり、あなたの言っていることは、そのとおりです、争いません、というふうに認めてしまうことを自白といいます。自白は、1つひとつの事実ごとに成立します。

　ですから、たとえば売買契約の事例において、まだ品物は受け取ってないと言って争うとしても、原告が被告との間で売買契約を締結したという事実については認めるというと、それは自白したということになるのです。

　このように1つひとつの事実について自白というものが問題になるのだと思ってください。

　たとえば、裁判で相手方の言い分を全部認めるとします。100万円の売買代金の請求をされたときに、被告のほうが、おっしゃるとおりです、あなたの言っているとおり、100万円の売買代金債務を私は負っています、だから払わなければいけません、というふうに認めてしまうことは自白というのではなしに、請求の認諾といいます（266条、267条）。

　ですから、相手方の言っていることを認めるということについて、1番上のレベルの、訴訟物レベルのところで認めてしまうことが請求の認諾なわけです。

　これに対して、事実上の主張のレベルで、相手方の言っていることを認めてしまうものが自白です。そのようなイメージをもっていてもらえばいいと思います。

　ですから、決して、私が悪うございました、という刑事訴訟法でいう自白とは、まったく意味が違うということを覚えておいてください。

それでは、159条の説明に戻りますが、相手方が明らかに争わない、要するに認めるとも認めないとも何も言わないで、放っているようなときには自白したものとみなします、というのが159条1項の規定です。

　そして、159条3項は、「第1項の規定は、当事者が口頭弁論の期日に出頭しない場合について準用する」と書いてあります。要するに、法廷に出てこなかったら、相手の言い分を認めたものとみなされてしまい、不利益を受けることを規定しています。相手方が準備書面などで主張した部分について、これを準用するということですから、主張したことについて認めてしまったのと同じことになってしまう場合があるということです。このように欠席すると、ちょっと不利益が生じることにはなります。

ｂ．当事者双方の欠席

　それから、両方とも出てこない場合があります。片方が出てこないときには一応、出てきたほうの人のためにある程度裁判所は口頭弁論を進めていくことができるのですが、両方とも出てこないで裁判官だけ1人でぽつんとしてても、やっぱり寂しいです。ですから、次回は、いついつに来てくださいとそれぞれ電話などで連絡をします。そうすると、当事者は、わかりました、次回は出ていきますということになります。

　しかし、それにもかかわらずまた次回になって、裁判官がじっと待っていても、だれも来なかったとしたら、裁判所の準備がいかにももったいないというか、無駄です。そこで双方が出てこなかった場合は、263条という条文があります。

▶▶▶**第263条**（訴えの取下げの擬制）

　当事者双方が、口頭弁論若しくは弁論準備手続の期日に出頭せず、又は弁論若しくは弁論準備手続における申述をしないで退廷若しくは退席をした場合において、1月以内に期日指定の申立てをしないときは、訴えの取下げがあったものとみなす。当事者双

方が、連続して2回、口頭弁論若しくは弁論準備手続の期日に出
頭せず、又は弁論若しくは弁論準備手続における申述をしないで
退廷若しくは退席をしたときも、同様とする。

　当事者の双方が不出頭の場合の規定です。「当事者双方が、口頭弁論若
しくは弁論準備手続の期日に出頭せず、又は弁論若しくは弁論準備手続に
おける申述をしないで退廷若しくは退席をした場合において」とありま
す。当事者双方が不出頭であったり、出頭をしたとしても、顔を見せただ
けで、やあ、とか言って帰っちゃったりした場合にはどうするかというう
と、1か月以内に期日指定の申立てをしないときは、訴えの取下げがあっ
たものとみなすというわけです。

　このように、当事者が欠席した場合に備えた制度があるのです。

❸ 証拠

> 　ＡＢ間に売買契約が成立すると、これに基づいて買主Ａの売主Ｂに
> 対する目的物引渡請求権が認められます（民法555条。民法ではこの
> ようなことを学びます）。しかし、権利は目に見えません。この見え
> ない権利の存否を判断するためには、何を明らかにすればいいのでし
> ょうか。

　さて、裁判では当事者がさまざまな主張をすることによって、その法律
上の主張や事実上の主張に対して、相手方が、これは認める、それは認め
ない、というようなことをいうわけです。

　たとえば、売買契約の成立は認めるが、まだ品物は受け取っていないか
ら、そこは争うという主張や、あるいは代金は弁済したと被告が言うと、
原告のほうは、いや弁済はされていないので、そこは争うという主張な
ど、当事者に法律上の主張と事実上の主張をお互いに言わせます。それが

キーワード **証拠**
裁判所による事実認定のための資
料をいう。

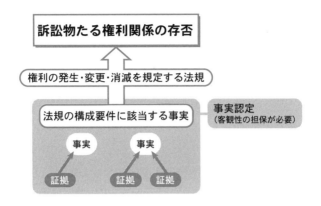

終わった段階で争点を整理します。

　そして、主張が一致している部分については裁判所はもはや何もしないわけです。それは先ほど説明した弁論主義の第2テーゼということになるわけです（⇒98頁）。

　そこで、お互いの言い分の食い違っている部分、すなわち当事者双方が争っている部分について、次は証拠調べが行われるということになるわけです。

　そこで証拠のレベルに入ることになるのです。ですから、証拠調べが行われるというのは、まさに当事者が争っている事実について、証拠により本当のところを明らかにしていこうという意味があるわけです。

　さて、証拠調べをしていく、その必要性を考えてみましょう。判決をするには訴訟物たる権利関係の存否を判断しなければなりませんが、権利や義務は裁判官の五官の作用によって直接認識できるものではありません。現在の権利の存否は、過去において、その権利が発生したか、消滅したかを確かめることで明らかになるわけです。

　さらに、権利の発生、または消滅の判断では、その発生を規定する法規

キーワード 証拠調べ
裁判官が判決の基礎を確定するための資料を獲得する訴訟上の手段方法をいう。普通は、当事者の申出により取調べをする。

キーワード 証拠資料
裁判所が証拠調べによって獲得した内容。

の構成要件に該当する事実、これを要件事実といいましたが、それがあるかどうかを判断するということになるわけです。

そして、ある事実が存在したかどうかは、その存在を推認させる事実や証拠を調べることによって、判断するということになるわけです。

要するに、ある事実が、過去に存在したかどうか、たとえば、弁済という事実が存在したかどうか、そういうような事柄というのは、過去の事実なわけです。その過去の事実というものの存否を調べることが、証拠調べということになるわけです。

では、事実の有無はどのようにして判断するのでしょうか。事実の認定は、裁判官がもっている知識、経験だけで間に合う場合もありますが、そうでなければ、そのために特に資料を集めなければなりません。しかも、その認定が、その裁判官だけの偶然的な主観的な判断によるのではなく、客観的に公平であることを担保するためには、訴訟において提出された資料に基づくことが要求されるというわけです。その訴訟において提出された資料に基づいて、裁判官としては判断するというわけです。

こうして、訴訟では通常、事実の存否が証明の対象となります。証拠調べによって事実の存否を判断することが裁判での重要作業だということになるわけです。ですから、実際の裁判というのは、まず訴えを提起することによって、訴訟物をぽーんと出すわけです。そのような訴訟物を明確にします。そして、その訴訟物を認めるための法律上の主張というものをお互いに主張し合います。つまり、権利が発生した、いや、弁済で消滅した、その法律上の主張を基礎づけるための、いわば事実上の主張というものも、やはりお互い出しあうのです。

そこまできて、両者の争いがある部分がはっきりした、それで、その争いのある部分についてのみ、前に本書の27頁、28頁で説明した４番目の立証というレベルに入るというわけです。その４段階を経ていくということ

になるのです。

　その４段階目のところがまさにこの立証の話です。証拠というのは、要証事実の存在または不存在について、裁判所が判断をする根拠となる資料のことをいいます。難しい言い方をしていますけれども、簡単に言えば、事実認定の材料のことを証拠といいます。事実認定のための材料ぐらいにイメージをもっておいてください。これは、普通は当事者の申し出により取調べをします。

（１）証明の対象

ａ．主要事実──証明の対象となる事実

　さてそれでは、その証明しなければいけない対象というのは何でしょうか。

　裁判官が裁判をするのに認定しなければならないものが証明の対象です。これは当事者に争いのある事実です。そのほかに、法規や経験則などがあります。しかし、証明の対象としてもっとも重要なのは事実、すなわち当事者の主張する具体的な事実の存否です。しかも、両当事者の意見が食い違っている、そういう事実です。

　それが証明しなければいけない事実なのですが、事実の中でも特に重要なのは、主要事実とよばれるものです。その主要事実というのは要件事実のことだと思ってもらってかまわないのですが、権利義務といった、一定の法律効果を発生させる法規の要件事実に該当する、具体的な事実を主要事実といいます。

　たとえば、売買契約成立に基づく目的物引渡請求権という法律効果の発生のためには、原告が被告との間で売買契約を締結したことが要件事実となるわけです。そのような、主要事実が存在するということを、裁判では、立証しよう、証拠調べで証明していこう、ということになるのです。

キーワード　主要事実
権利の発生・変更・消滅という法律効果の判断に直接必要な事実、たとえば、消費貸借契約に基づく返還請求権の発生のためには民法587条所定の「返還約束」と「金銭の授受」の認定が必要であるが、これらが主要事実となる。

キーワード　経験則
事実認定の前提となる、経験上帰納された事物の性状とか因果関係についての知識や法則をいう。

では、消費貸借契約に基づく貸金返還請求訴訟の話を例にして考えてみましょう。貸したお金を返せということを請求する裁判のことです。その貸したお金を返せというためには、民法587条に従って、返還の約束と金銭を渡したということの2つの事実の認定が必要です。なお、諾成的消費貸借契約と書面でする消費貸借契約（民法587条の2）の場合は別です。

　これを具体的に考えてみましょう。原告が被告に対して、この前貸した100万円を返せという訴訟をするとします。消費貸借契約に基づく、貸金の返還請求訴訟をするのですが、そのときに原告側が主張しなければならない要件事実として、どのようなものがあるのかというと、それは「1か月後に返すという約束がありました、つまり返還の約束がありました」というのが1つです。それから、「原告は被告にその返還の約束に基づいて、実際に100万円を渡しました」ということの2つの主張が必要です。

　すなわち、ただ返還の約束をしたというだけじゃダメであって、実際にお金を渡しましたと主張しなければダメなのです。金銭の授受ということも要件事実として必要なのです。消費貸借契約は要物契約だからです。要物契約とは、簡単に言うと、当事者の合意だけでなく、物の受け渡しがあって初めて契約が成立する契約です。

　ちなみに、まだ返してもらっていないということは、これは被告のほうのすでに返したという反論に対する再反論の形で出すべき事柄なのです。

　すなわち、原告のほうは、何を主張しなければいけないのか、そして、被告のほうとしては、何を反論しなければいけないのか、主張と反論の組み合わせでいろいろ決まってくるのですが、たとえば、ここでは原告の側が返還請求権を主張する、そのために主張しなければいけない具体的な事実、つまり要件事実に該当する具体的な事実である返還約束と金銭授受を主要事実というふうによんでいくのだと思ってください。

　そして、被告のほうが、お金なんか受け取っていないというふうに言い

キーワード　裁判上の自白
相手方の主張と一致する、自己に不利益な事実を認めて争わない旨の、口頭弁論または弁論準備手続の期日における陳述をいう。

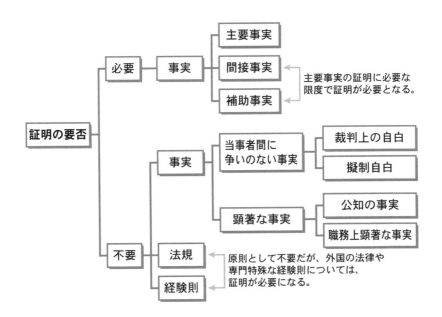

出したり、返還の約束なんかなかった、そんな合意なんかなかった、といったりして争ったとすると、その返還の約束、返還の合意があったかどうか、それからお金を本当に受け取っているのかどうなのか、などを証拠調べで判断するということになるわけです。ですから、そのときの、この主要事実の有無を明らかにすることが証拠調べのもっとも重要な目的ということになるわけです。

b．裁判上の自白——証明の対象とならない事実①

それで、その主要事実について被告がもし、そのとおりですと認めてしまったならば、証拠調べはいらないわけです。裁判上の自白があれば、証拠調べはいらないからです（179条）。

このように、事実の中でも証明を要しないものもあります。当事者間に争いのない事実で裁判上の自白が成立した場合には証拠調べはいらないの

キーワード 間接事実
主要事実の存否を推認するのに役立つ事実をいう。

キーワード 補助事実
証拠の信用性に影響を与える事実をいう。
たとえば、ＸＹ間の売買契約締結に立ち会ったと証言した証人Ｚが、以前偽証罪で有罪判決を受けたことがあるというような事実である。

です。たとえば、お金を受け取ったことは認めるが返還の約束なんかなかった、あれはあなたが私にくれたお金じゃないか、あれは贈与だから返還の約束なんかなかった、と言って否認したとします。しかし、お金を受け取った、金銭授受があったということは認めるわけですから、その事実については裁判上の自白が成立するというわけです。

そんなふうに、お互いに言い分を整理してみたら、どうもお金を受け取ったことは認めているけれども返還の約束があったことについては認めていない、争っているので、そこの証拠を調べましょう、とそういう話になるわけです。

そこで、証拠調べの段階では、その返還の合意があったかどうかがメインテーマになります。裁判所としては、いろいろ証拠調べしていくうちに、実は100万円は受け取ってないじゃないか、実際にそのときに受け取ったのは80万円だけじゃないかということが、仮にわかったとしても、それは100万円受け取ったことになってしまうのです。これが先ほど説明した弁論主義の第2テーゼです（→98頁）。

c．顕著な事実──証明の対象とならない事実②

それからもう1つは、顕著な事実についても証拠調べは不要です（179条）。裁判所にとっては証拠調べなどしなくても、はっきりわかっているという事柄が、場合によってはあったりします。証拠調べにおいて、証拠を出してこなくても、そんなものは裁判所ですぐわかるし、また裁判所がわかっているということを証拠調べなしに判断しても、だれも困らない、だれも不公平だと思わないものがあります。

たとえば、何月何日に阪神で大震災があったというような事実は、それ自体については何も証拠調べをするまでもない、明らかな事実でしょう。そういうものについては証拠調べはいらないということです。これについては、179条に規定があります。

キーワード 否認

相手方が証明責任を負う事実を否定し、それによってその事実の証拠調べを必要ならしめる主張をいう。

▶▶▶**第179条**（証明することを要しない事実）

　裁判所において当事者が自白した事実及び顕著な事実は、証明することを要しない。

　179条には「裁判所において当事者が自白した事実及び顕著な事実は、証明することを要しない」と書いてあります。この顕著な事実の典型例が、公知、つまり公に知られている事実です。何年何月何日に震災があったなどというような事柄です。それは公知の事実なので、証拠調べはいらないということになります。

（2）証拠による認定

a．自由心証主義

　さて、証拠によって証拠調べで事実を認定していくことになるのですが、そのときに、たとえば実際には、証拠として売買契約書のようなものが出てきたり、証人が出てきて証言をしたりとかいろいろなことをやります。その契約書や証人尋問の結果を裁判所は聞いたり、見たりしながら、これは返還の合意があったのだなとか、なかったのだなということを判断することになります。

　裁判所は自分の経験則や常識に従って自由に判断します。そのように判断することを自由心証主義（247条）といいます。

　たとえば、裁判所が判決の基礎にする事実を認定するために、その認定の方法が法律で定められていれば、客観的に正しい認定方法が認識でき、公正が保たれそうにみえます。しかし、これではあまりにも事実認定が、機械的、硬直化した作業になってしまいます。現代社会における生活の複雑化、多様化に対応できなくなります。

　そこで、現在の民事訴訟は、裁判官の心証に基づいて事実認定を行うという、自由心証主義が採られています。裁判官は審理にあらわれた一切の

キーワード **顕著な事実**
事実の客観性が保たれている場合に、その利用が認められる。これには公知の事実と職務上顕著な事実がある。公知の事実としては歴史的大事件・大災害などが、職務上顕著な事実としてはみずからした他の事件についての裁判などがある。

資料や状況に基づいて、自由に心証を形成します。具体的な確信に従って、事実の認定をするのが原則というわけです。

　要するに、裁判官に自分の感覚、自分の価値観に基づいて、事実があったかどうかということの判断をすることを任せる、ということです。

　外国ですと、そうではない考え方も昔はありました。たとえば、契約書が出てきたら、契約があったものとみなすというふうに法律に規定されていたわけです。そうすると、契約書という証拠が出てきてしまったら、おかしいな、ちょっと違うんじゃないかなと思っても、それは契約があったものとみなすと法律に書いてあるので、そういう認定をしなければいけなくなってしまうわけです。それを法定証拠主義といいます。

　そういう法定証拠主義ではなくて、自由な心証に基づいて裁判官が判断すればいいわけです。たとえば、契約書が出てきたとしても、この契約書はちょっとうそっぽいなと判断して、契約書が出てきたにもかかわらず、貸金の返還の約束はなかったと認定してもかまわないということです。証人が私が目の前で見ましたと、そういう約束をしてましたといくら言ったとしても、裁判所はちょっと信用できないなと思ったら、約束はなかったと認定をしてもかまわないのです。

　まさに、裁判官の自由な心証に基づいて判断をすることができるということです。247条に自由心証主義の規定があります。

▶▶▶第247条（自由心証主義）
　裁判所は、判決をするに当たり、口頭弁論の全趣旨及び証拠調べの結果をしん酌して、自由な心証により、事実についての主張を真実と認めるべきか否かを判断する。

　これを自由心証主義ということを知っておいてください。

キーワード　自由心証主義（247条）
裁判における事実の認定を、審理にあらわれたすべての資料・状況に基づいて裁判官の自由な判断によって形成される心証に委ねるという原則をいう。裁判官の資質が信用されている時代だからこそ、この原則を採れるといえよう。

b．事実の認定不能――証明責任

　訴訟手続において両当事者が全力を尽くして事実の立証に努めたに
もかかわらず、その事実はあったのかそれともなかったのか、彼は知
っていたのか知らなかったのか、など裁判所に真実が明らかにならな
い場合が考えられます。

　裁判所はどうすべきでしょうか。さじを投げてしまえば、それまで
ですが、紛争解決システムとしてそれでは不完全ではないでしょう
か。

　ところが、裁判官がいくら自由に判断できるといっても、裁判官にして
みれば、どうもこれは最後までよくわからない、という場合だってありう
るわけです。当事者が、きちんとした証拠を出してくればいいのですが、
まともな証拠を出してくれないときには、そういう事実があったのか、な
かったのか、どっちかよくわからないという場合が、当然、人間が判断す
るのですから、出てきます。そういういわば真偽不明な場合に、真偽不明
だから裁判をしません、というわけにはいきません。

　そこで、真偽不明の場合には、そういう事実があったものとみなすの
か、なかったものとみなすのか、そういうことをある程度はっきりさせて
おいたほうがいいわけです。では、真偽不明の場合になかったものとみな
されてしまう、そういう不利益を受ける人は誰でしょうか。たとえば、あ
る事実については原告が不利益を受ける、ある事実については被告が不利
益を受ける、というふうに、もしその真偽が不明な場合には、あらかじめ
不利益を受ける立場が、原告なのか、被告なのかということを事実ごとに
全部割り振っておくことが、実は必要です。

　たとえば、貸金返還請求訴訟でその返還約束と金銭の授受というものに

ついて、もし真偽が不明であった場合は誰が不利益を受けるのかということです。不利益を受けるということは、要するに、それがなかったものとみなされてしまうということですが、それは原告が不利益を受けるというふうに、あらかじめ決めておくわけです。これに対して、返還の約束もあったし金銭の授受もあったが、被告のほうが、100万円はもう弁済してますよと主張し、証拠調べをしても本当に弁済があったかどうかということがどうもよくわからない、真偽不明だといった場合には、被告のほうが弁済はなかったという不利益を受けてしまうというふうに、すべての事実について、真偽不明の場合に原告が不利益を受けるのか、被告が不利益を受けるのかを、あらかじめ決めておく必要があるのです。

そのような不利益を受ける立場のことを証明責任、あるいは挙証責任、または立証責任があるといいます。証明責任を負担している、立証責任を負担している、挙証責任を負担しているとかいいますが、すべて同じ意味です。

証明責任というのは、一定の法律効果を判断するのに必要な事実が、真偽不明の場合に、法律上自分に不利に認定されることに定められているという一方当事者の不利益のことをいいます。

つまり、もしその事実が証明されなければ自分の主張する有利な法律効果が認められない結果になってしまうわけです。そういう不利益な地位のことを挙証責任を負っているとか、証明責任を負っているというふうにいうのです。そのときに、1つひとつの主要事実ごとに、この事実についての証明責任は原告、この事実の証明責任については被告というふうに全部決めておく必要があるということです。実際、全部をはっきりさせておかないと、裁判をするときに、真偽不明になったときに、裁判所は判断できなくなってしまうわけです。

この場合には、どちらの当事者に不利益になるか、それがまさに問題に

キーワード 証明責任（挙証責任）
ある事実が真偽不明の場合に、判決においてその事実を
要件とする自己に有利な法律効果の発生または不発生が
認められないことになる一方当事者の不利益をいう。

なります。これは、その事実の性質から決まるのではなしに、法規相互の関係や、事実の定め方、などから引き出されるということになります。これはあらかじめ、理屈が決まっています。簡単に言えば、それを証明することによって、利益を受ける人が証明責任を負うというのが原則です。

　たとえば、貸金返還約束があった、金銭授受があった、それが証明されたことによって利益を受ける側は原告ですから、「原告に証明責任がある」といいます。では、弁済したという事実によって、利益を受けるのはどちらかというと、弁済したという事実が証明されることによって利益を受けるのは、もちろん被告です。ですから被告に証明責任があるといいます。

　このように、それを証明することによって利益を受ける側が証明責任を負う、というのが一応原則だと思っておいてください。このような証明責任、証明責任の分配がなぜ必要なのでしょうか。なぜその証明責任という概念が必要なのかというと、簡単に言えば、裁判拒否の回避のためです。つまり、真偽不明だから裁判できません、判決をだせませんということを回避するためなのです。

（3）証拠調べ手続──証人尋問、鑑定、書証、検証、当事者尋問

▶▶▶第180条（証拠の申出）
　① 証拠の申出は、証明すべき事実を特定してしなければならない。
　② 証拠の申出は、期日前においてもすることができる。

　その証拠調べの手続ですが、原則として、当事者の申し出た証拠に基づいて行われるということになります。弁論主義（第3テーゼ）に基づいてこうなります（⇒100頁）。

　具体的にどのように進めていくのかというと、6つの方法があります。

①証人尋問（190条以下）

　これは一番イメージがもてると思います。証人に対して、口頭で質問し、証明の対象となる事実につき、その者が経験した事実、それを供述させる、そういう方法を証人尋問といいます。

②当事者尋問（207条以下）

　当事者尋問です。これは当事者に聞くわけです。見聞事実について尋問して当事者にいろいろ聞くことが、当事者尋問ということになります。

③鑑定（212条以下）

　これに対して、本人が見たり聞いたりした事実ではなくて、学識経験のある者の意見を聞くのが鑑定です。特別な学識経験を有する学者の先生とか、専門家に対して、専門的な知識や意見を聴いて、裁判官の判断能力の補充をします。これを鑑定といいます。

④書証（219条以下）

　それから、書証です。これは文書を検討して、記載された意味内容を資料にします。図面、写真、録音テープ、ビデオテープその他の情報を表すために作成された物件で文書でないものについても準用されます（231条）。そして、文書の提出は、一定の制限はあるものの義務化されています（220条4号）。

⑤電磁的記録に記録された情報の内容にかかる証拠調べ（231条の2以下）

　これは、2022（令和4）年の改正で規定されたもので、電磁的記録に記録された情報の内容にかかる証拠調べの申出は、当該電磁的記録を提出したり、当該電磁的記録を利用する権限を有する者にその提出を命ずることを申し立てたりして行います。電磁的記録の提出は、電磁的記録を記録した記録媒体を提出する方法、または電子情報処理組織を使用する方法により行います（231条の2）。

キーワード **証拠方法**

証拠調べの対象となる有形物をいう。人証（証人・鑑定人・当事者）と物証（文書・検証物）がある。

キーワード **証拠能力**

証拠方法として、ある有形物が取調べの対象とされうる資格を証拠能力という。現行法上、原則として無制限とされている。

違法収集証拠の証拠能力

これまで民事訴訟を学んできた皆さんは、証拠の重要性が十分理解できると思います。

どうしても裁判に勝ちたいと強く思うあまり、不正な手段によって証拠を獲得してしまうことも場合によっては十分ありうることです。

ところで、当事者が裁判所に提出する証拠方法（正式には、こうよびます）が、証拠資料（いわゆる証拠です）として採用されるか否かを判断する要件として、証拠能力というものが、刑事訴訟においては要求されています。たとえば、警察官が何か違法な捜査方法によって収集した証拠は、被告人を有罪とするために用いることはできないおそれがある、すなわち、そのような証拠は証拠能力がないとして、裁判所の事実認定の基礎から排除されうるという法理が判例によって認められています（違法収集証拠排除法則）。

では、民事訴訟においてはどうでしょうか。実は、証拠能力を直接に定めた民事訴訟法の規定はないのです。前述の刑事訴訟における違法収集証拠排除法則において、判例は憲法35条、31条を援用しますし、また、刑事訴訟法にも、いわゆる又聞きを証拠として認めない規定があります（伝聞法則、刑事訴訟法320条1項）。

ところが、このように証拠の証拠能力を制限する規定が民事訴訟法にはおかれていません。

では、どんな証拠でも民事訴訟においてはもち込めるのでしょうか。もし、これを認めると、当事者が無理をして違法な手段にも訴えかねないのは、火をみるよりも明らかです。

この点につき、下級審の裁判例（百選〔3版〕71事件）は、以下のように判示しました。「その証拠が、著しく反社会的な手段を用いて、人の精神的肉体的自由を拘束する等の人格権侵害を伴う方法によって採集されたものであるときは、それ自体違法の評価を受け、その証拠能力を否定されてもやむを得ないものというべきである。」

結局、違法収集証拠の証拠能力をどこまで認めるかは、適正な事実認定をすべきだという要請と、当事者間の正義公平を維持すべきだという要請との、ぶつかりあいで、どこに調和を求めるべきかという問題になるわけです。前述した裁判例では、自分に不利な証言をした証人を料亭に招き、酒食で供応した際の会話を秘密に録音したテープの証拠能力が問題になりました。この程度の入手方法は、「人格権侵害を伴う方法」とまではいえず、証拠能力は肯定されえました。

⑥検証（232条以下）

　これは、裁判官の目の前で、いろいろな感覚作用によって調べたりすることです。裁判官の目の前で、たとえばテープレコーダーを再生してみたりとか、裁判官の目の前で、ビデオで撮影したものを写してみたりとか、裁判官の目の前でいろいろと実際に調べてみたりするわけです。そういうのを検証といいます。

❹ 訴訟手続の停止

　このように、口頭弁論、証拠調べの手続が進んでいくのですが、途中で事情によって手続が停止する場合もあります。この場合のことを訴訟手続の停止といい、具体的な制度としては中断と中止があります。たとえば、当事者が死んでしまったときには、法律上の手続を、一時止めることになるのですが、こういう状態のことを中断といいます（124条）。

　法律上、当事者の訴訟追行者が交代しなければならない事情が発生したとか、新追行者が、訴訟追行にあたれるようになるまで手続を停止して待つための制度です。

　たとえば、当事者の死亡などがその典型例です（124条1項1号）。当事者が死んでしまった場合、その相続人が引き継いで、事件の内容を把握するまで、ちょっと待っててあげるというのが中断とよばれるものです。

> ▶▶▶第124条（訴訟手続の中断及び受継）
>
> 　①　次の各号に掲げる事由があるときは、訴訟手続は、中断する。この場合においては、それぞれ当該各号に定める者は、訴訟手続を受け継がなければならない。
>
> 　1　当事者の死亡　相続人、相続財産の管理人、相続財産の清算人その他法令により訴訟を続行すべき者
>
> 　2　当事者である法人の合併による消滅　合併によって設立された法人又は合併後存続する法人

キーワード　中止（130条）
裁判所または当事者に障害があるとかその他の事由から、訴訟を進行することが困難または不適当な場合に、その事由がやむまで手続きの停止が認められる制度をいう。天災その他の事故による場合などがある。

3　当事者の訴訟能力の喪失又は法定代理人の死亡若しくは代理権の消滅　法定代理人又は訴訟能力を有するに至った当事者

　4　次のイからハまでに掲げる者の信託に関する任務の終了　当該イからハまでに定める者

　イ　当事者である受託者　新たな受託者又は信託財産管理者若しくは信託財産法人管理人

　ロ　当事者である信託財産管理者又は信託財産法人管理人　新たな受託者又は新たな信託財産管理者若しくは新たな信託財産法人管理人

　ハ　当事者である信託管理人　受益者又は新たな信託管理人

　5　一定の資格を有する者で自己の名で他人のために訴訟の当事者となるものの死亡その他の事由による資格の喪失　同一の資格を有する者

　6　選定当事者の全員の死亡その他の事由による資格の喪失　選定者の全員又は新たな選定当事者

　〈2項以下　略〉

1 民事訴訟の開始および終了に関して当事者の意思が尊重されることを
何というか。
① 処分権主義
② 弁論主義
③ 職権探知主義

2 判決の基礎資料の収集・提出を当事者側の責任・権能とする原則を何
というか。
① 処分権主義
② 弁論主義
③ 職権探知主義

3 必要的口頭弁論の原則の趣旨はどれか。
① 両当事者に口頭弁論手続における攻撃防御の機会を保障する
② 訴訟の迅速を図る
③ 判決の矛盾を防止する

4 裁判官の確信に基づいて事実認定を行う建前を何というか。
① 処分権主義
② 口頭主義
③ 自由心証主義

5 原告が自己の請求の全部または一部に理由のないことを自認する訴訟
上の陳述を何というか。

① 訴えの取下げ

② 請求の認諾

③ 請求の放棄

④ 訴訟上の和解

6 原告が被告に対して貸金100万円の返還を請求しているが、審理の結
果、上記貸金は200万円であることが判明した。裁判所は被告に200万
円の返還を命じる判決をだしてもよいか。

① YES

② NO

7 証明責任の趣旨はどれか。

① 手続保障

② 訴訟経済

③ 裁判拒否の回避

8 次のうち、民事訴訟において主として裁判所の役割とされているもの
はどれか。

① 訴えの提起

② 審判の対象の特定

③ 訴訟資料の収集

④ 訴訟手続の進行

※解答は巻末

第5章

訴訟の終了

I　当事者の意思による訴訟の終了

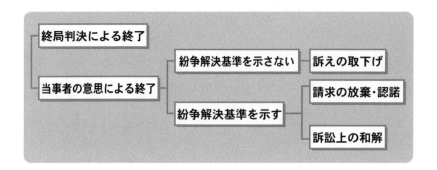

　このようにして訴訟の手続が進んでいき、ある程度のところまでくると、一応口頭弁論の終結ということになり、次は判決ということになります。

　ただし、訴訟が終了するのは、そのような判決によって終了するだけではなくて、先ほどお話した処分権主義のあらわれとして、当事者が訴えを取り下げてしまったりとか、請求の認諾、放棄、訴訟上の和解などによって終了するという場合もあります。当事者の意思による終了です。取下げ以外の放棄・認諾、訴訟上の和解の２つは一定の解決基準を示すわけです。これについては、先ほどお話しました。

　これに対して、訴えの取下げというのは、何もなかった状態に戻るだけで、別にきちんと紛争は解決されるわけではないのです。

II　終局判決による訴訟の終了

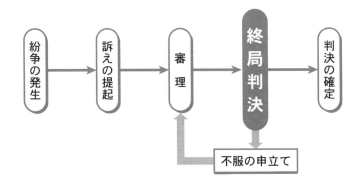

❶裁判とは

　判決による訴訟の終了ということですが、通常はこの判決によって終了することになります。

　裁判とは、きちんと定義すると、裁判機関がその判断または意思を法定の形式で表示する訴訟行為です。ここはちょっと難しい言い回しですが、簡単に言えば、裁判所によって行われる判断、そういうものが裁判というわけです。

　裁判は、その裁判所または裁判官の行う一定の意思表示ですが、裁判は判決、決定、命令という３種類に分かれています。そして、判決と決定は裁判所が行います。要するに、組織体としての裁判所が行うのですが、命令というのは裁判官が行うものという区別があります。この区別は、また後で詳しくお話します。私たちは、よく判決といいますが、裁判には、判決のほかに決定と命令とがあるのです。たとえば、原告や被告がいろいろな証拠を申し出てきたときに、それではこの証拠は調べましょうとか、こ

の証拠は調べる必要がありませんとかは、決定の形式で裁判されることになります。証拠決定をするというような言い方をします。

裁判の中では、判決というものが重要ですから、今から判決について少し説明していくことにします。

❷ 判決の種類

（1）中間判決、終局判決

中間判決、終局判決という言葉があります。裁判の途中で、とりあえずの成果を示すための中間判決というものがあります。

> ▶▶▶第245条（中間判決）
> 　裁判所は、独立した攻撃又は防御の方法その他中間の争いについて、裁判をするのに熟したときは、中間判決をすることができる。請求の原因及び数額について争いがある場合におけるその原因についても、同様とする。

しかし、一般には終局判決が、私たちのイメージする普通の判決と思ってください。

（2）本案判決と訴訟判決

次に、訴訟判決と本案判決という区別があります。前にもお話ししたと思います。訴訟判決は主に却下という判決であり、本案判決には認容判決と棄却判決があります。認容判決と棄却判決の2つは、早めに常識にしておきましょう（⇒46頁）。

キーワード **請求認容判決**
原告の求める訴訟上の請求を正当と認める判決をいう。

キーワード **請求棄却判決**
原告の求める訴訟上の請求を理由がないとして退ける判決をいう。

❸判決の効力

（1）既判力

a．既判力の時的限界

　さて、判決がでますと、それには一定の効力が生じます。具体的には判決の蒸し返しができないような効力を生じる既判力というものが、出てくるわけです。この既判力の作用によって、当事者は確定判決で示された判断に反する主張をすることができなくなります。

　しかし、判決がでただけでは、既判力は生じないのです。判決が確定すると、そこで既判力が生じるということになります。

　判決がでるというのと、確定するのと、どこが違うのかというと、判決がでても一定の期間内に上の裁判所に上訴することができます（285条、313条）。そういう上訴もできなくなって、もう最後の判断ですということになったときに、確定判決ということになるわけです。そして、判決が確定しますと、既判力の基準時までに存した事由に基づく主張や抗弁を、その訴訟で提出せずに敗訴した場合、後訴で提出しても排斥されてしまいます。つまり、基準時前の事由をもち出して、既判力で確定された権利関係の存否を争うことはできなくなり、また裁判所も、これに抵触する判断はできなくなるということです。

　たとえば、XがYに、貸金100万円を返還しろという裁判を起こしたとします。Yは特に争う姿勢を示さなかったので、X勝訴、すなわち、貸金100万円の返還を命じるという、判決がでました。その後Yが、あの貸金はすでに弁済済みだから100万円を支払う必要はないとして、債務不存在確認訴訟を提起しても、請求棄却となるのです。その弁済は基準時前の事情であるため、後訴では考慮されないからです。

　ですから、既判力というのは、あくまでも一定基準時までに主張しえた事実に基づいてもう1回紛争を蒸し返すことはできませんということをい

っているのです。逆に言うと、基準時以降の事柄については、その事柄に基づいて新たに訴えが提起された場合、裁判所は新たに判断をしなければなりません。

　先ほどの例では、Yは基準時前の事柄である弁済を主張したため、裁判所に考慮してもらえませんでした。しかし、Xには基準時後に弁済したと主張して債務不存在確認訴訟を提起すれば、弁済の事実は一定の基準時後の事柄であるため、既判力で遮断されることなく、新たな判断を裁判所にしてもらえます。

　このように、既判力は一定の基準時における判断なのですが、その一定の基準時（標準時、時的限界ともいいます）は具体的にはいつなのでしょうか。今まで述べてきたように、私法上の権利関係は、その時点その時点で変動する可能性があります。たとえば、弁済があったとか、時効により消滅したとか、ある時点では存在していた権利も別の時点では消滅しているということはよくあることです。そのため、民事訴訟ではある時点における権利関係しか明らかにできないので、判断の基準時がいつかということが重要となってくるのです。

　この基準時は、事実審の口頭弁論の終結時とされています（民事執行法35条2項参照）。最後の最高裁判所で行われる裁判は法律審なので、事実審というのは一審と二審、通常地方裁判所と高等裁判所で行われる裁判です。少し細かい話になりますが、事実認定は事実審の専権であり、法律審は事実審が適法に認定した事実に拘束されます。法律審は事実審の事実認定に基づいて、原判決を法令違反の点からのみ審査するのです。そのため、当事者は事実審の間だけ事実主張が許されることになります。すなわち、事実審の最終の口頭弁論終結時をタイムリミットとして、当事者は事実主張をするのです。そうすると、判決はこの時点までに提出された事実・証拠に基づいてなされますから、この時点が基準時と考えられるわけ

です。

b．既判力の物的限界

▶▶▶ **第114条**（既判力の範囲）

① 確定判決は、主文に包含するものに限り、既判力を有する。

② 相殺のために主張した請求の成立又は不成立の判断は、相殺をもって対抗した額について既判力を有する。

それから、既判力の客観的な範囲、物的な範囲です。その拘束力が生じるのは判決主文で表現されている判断事項だけです。言い換えれば、訴訟物についてだけということになります。既判力は判決主文で表現されている判断事項についてだけ生じるのが原則である、ということも知っておいてください（114条1項）。

ですから、判決理由中の判断については、原則として既判力は生じないのです。たとえば、100万円の売買代金を支払えという判決がでたとします。被告のほうとしては錯誤取消しにより無効だ、とかいろいろ主張していたが、錯誤無効ではないということで100万円払えという判決がでたとします。そうすると、被告は100万円払わなくてはいけません。そのときに判決の理由の中で、被告のほうとしては錯誤取消しにより無効だと主張していたが、錯誤取消しにより無効ではないということが決まってしまったとしても、その錯誤取消しにより無効はなかったということについては既判力は生じないのです。

また、たとえば、建物明渡しをその所有権に基づいて返還請求をするときに、原告勝訴の判決が確定すると、物権的返還請求権があります、ということがはっきりするだけなのです。そこに、既判力が生じるだけで、そういう判決がでる前提の理由の部分、たとえばなぜ認められるのだろうかとか、なぜ彼が所有者になったのかという理由の部分には、既判力は生じないということです。判決の主文に出てくる、いくら払えとか、こういう

キーワード　主文
判決の結論部分をいう。

既判力の時的限界
——取消権・相殺権・建物買取請求権

確定判決の判断内容に生じる後訴に対する拘束力のことを既判力とよびました。そして、後訴で同一事項が争いになった場合、当事者はこれに反する主張をすることができません。これを、既判力の遮断効とよびます。

既判力が生じるのは、事実審の口頭弁論終結時（基準時）でした。この基準時まで、当事者は攻撃防御方法を提出することができたからです。そうすると、遮断効というのは、基準時前に存在していた攻撃防御方法をもち出してきて、後訴で再度争うのを許さない、という意味です。

では、売買代金を請求された被告の敗訴が確定した後に、改めて、あの売買契約は詐欺取消しによって無効となるから（民法96条1項、121条）、自分は代金を支払う必要はないと主張することは許されるでしょうか。たしかに、民法126条によれば、5年間は取消が可能とされているので、上記の被告の言い分も認められそうですが、取消権の主張は、基準時までに十分行うことが可能だったはずであり、敗訴後、やっぱり売買契約を取り消すというのではあまりに虫がよすぎます。したがって、基準時後の取消権の行使は認めるべきではありません。判例も同じ立場です。

では、被告敗訴が確定した後に、自分は原告に対して貸金債権があるから、これと、さっきの売買代金債権とを相殺するよ、という被告の主張は許されるでしょうか。敗訴した被告が、原告に対して貸金債権を有していたというのは、たしかに、基準時以前の事情です。そうすると、取消権の場合と同様に、相殺の主張も許されないとも思われます。しかし、先の取消権の主張は、争いの対象となっている売買契約自体の瑕疵に関する主張です。これに対して、今度の相殺権の主張は、売買契約とはまったく別個独立のものであり、被告に対して基準時までに主張しろ、と要求するのは酷です。したがって、相殺権の主張は許されるというべきです。判例も同じ立場です。

では、借地上に建物を有する土地の賃借人が、賃貸人から建物収去土地明渡請求訴訟を提起され、敗訴した場合を考えてみましょう。この賃借人は、後に建物買取請求権（借地借家法13条）を行使して、賃貸人による強制執行をはばめるでしょうか。

この点につき、判例は以下のように判断して賃借人の主張を認めています。

すなわち、「建物買取請求権は、前訴確定判決によって確定された賃貸人の建物収去土地明渡請求権の発生原因に内在する瑕疵に基づく権利とは異なり、これとは別個の制度目的及び原因に基づいて発生する権利である」としました。建物買取請求権は、敗訴を前提とする抗弁という意味で、前述の相殺の主張に似ています。つまり、基準時までに、上記建物買取請求権を行使するのは賃借人にとって酷だと考えたのでしょう。

金銭債権があるとか、明渡請求権があるとか、そういうことについて既判力が生じるだけなのだと思っておいてください。

c．既判力の人的限界

▶▶▶第115条（確定判決等の効力が及ぶ者の範囲）

① 確定判決は、次に掲げる者に対してその効力を有する。

1　当事者

2　当事者が他人のために原告又は被告となった場合のその他人

3　前二号に掲げる者の口頭弁論終結後の承継人

4　前三号に掲げる者のために請求の目的物を所持する者

② 前項の規定は、仮執行の宣言について準用する。

　それから、既判力の人的な範囲は、原告・被告の間にだけしか及ばないということが原則になります（既判力の相対効）（115条1項1号）。既判力には、このような一定の限界があるということだけ知っておいてください。時的限界、物的限界、人的な限界があるということです。もっとも重要なのは、既判力が一定の基準時における判断内容について生じるということです。

　（2）執行力、形成力

　あとは、その他に執行力や形成力、そういう効力も生じます。

　執行力とは、給付判決で宣言された給付請求権を、強制執行によって実現できる効力のことです（民事執行法22条1号）。

　形成力とは、形成判決で宣言された法律状態の変動を引き起こす効力のことです。

　ここまでのところが、いわば基本形になります。第6章以降は、いわば修正形式みたいなものです。

キーワード　遮断効
当事者は前訴の基準時前に存した事由を提出することは原則として許されないことをいう。

理解度クイズ⑤

1 既判力とは何か。

　① 終局判決の内容をなす判断の後訴に対する通用力

　② 給付判決で宣言された給付義務を、強制執行によって実現できる効力

　③ 形成判決で宣言された法律状態の変動を引き起こす効力

2 判決の効力について誤っているものはどれか。

　① 既判力があるので、一度確定した内容について、いかなる事情があっても蒸し返すことはできない。

　② あくまでも一定の基準時における事情での判断だから、その事情が変更したら再び争うことも許される。

※解答は巻末

訴訟の主体および客体の複数

複雑訴訟の話に入ります。訴訟の主体や客体が複数である場合には、どんな形になるのかという話です。これまで取り扱ってきたのは単純訴訟でした。単純訴訟というのは、訴訟の主体と客体がともに1つで、終始同一の原告・被告が関与し、1個の請求が審判の対象となっている訴訟のことでした。

これに対して、複雑訴訟形態とは、同一訴訟手続に数個の請求がある、すなわち同時的もしくは異時的に審判対象が複数ある場合、または同一手続に原告、被告各1名以外の者が関与する場合のことをいいます。客体の複数と主体の複数のことです。

I　訴訟客体の複数

❶訴えの客観的併合

客体の複数の説明をします。請求が複数、すなわち訴訟物が複数あるということなのですが、それはいくつかの種類があります。

まず、客観的な併合です（136条参照）。訴えの客観的併合とよばれるものです。これはどういうものなのかというと、たとえば、1人の原告から、1人の被告に対して、つまり当事者は1人対1人なのですが、最初から数個の請求をしている、めんどうくさいから1つの訴えでやってしまうという場合です。単純併合、選択的併合、予備的併合の3種類があります。

（1）単純併合

単純併合とは、単に各請求を同列において、何本も請求するだけです。たとえば、相手方に対して、売買代金の請求をした上に、昔貸したお金も

キーワード **単純併合**
相互に両立しうる数個の請求について特に条件を付けずに、すべての請求について審判を求める併合形態をいう。
eg. 代金支払請求と貸金返還請求。

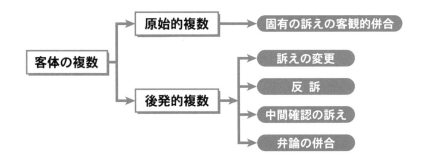

ついでに返せ、というふうにあわせて請求することです。どうせ裁判をするならば、今までの全部を一緒に請求してしまうというのが単純併合というものです。

　原告が、同じ被告に対して、今までいろいろと請求できなかったものまで一気に全部まとめて請求してしまうという、そんな感じです。

（2）選択的併合

　これに対して、選択的併合とは、数個の請求の１つが認容されることを解除条件として併合審判を求めるという申立てをいいます。１つが認容されることを解除条件として、ということですが、要するに、片方が認められたならば、もう片方は判断しないということです。

　ですから、たとえばＡとＢという２つの請求、所有権に基づく返還請求と占有権に基づく返還請求というのがあったとします。仮に所有権のほうをＡ請求、それから占有権のほうをＢ請求だとすると、Ａ請求が認められないときに、Ｂ請求を判断します、または、Ａ請求が認められたときには、Ｂ請求はもういいです、というような形です。

　とにかく、どちらか一方が認められたならば、もう片方の請求はいらないというものなのです。どちらか１つを認めてください、これが選択的併

> **キーワード　選択的併合**
> 同一目的を有し、両立しうる数個の請求をその１つが認容されることを解除条件として、他の請求の審判を求める併合形態をいう。
> eg. 所有権に基づく返還請求と占有権に基づく返還請求。

合というものになるわけです。

　ですから、所有権に基づく返還と占有権に基づく返還のどっちかが認められればいいというのが原告の言い分なわけです。

　旧訴訟物理論だから、こういう併合が出てくるのです。旧訴訟物理論というのは、実体法上の請求権ごとに別々の訴訟物とするという理論でした（⇒76頁）。もし、これを新訴訟物理論で考えると、所有権に基づく返還請求も占有権に基づく返還請求も、どちらも返還請求ということで、1つの訴訟物になってしまうわけです。所有権に基づくのか、占有権に基づくのかは、判決理由中の判断にすぎないということになってしまいます。しかし、旧訴訟物理論の場合には、所有権に基づく返還請求権と占有権に基づく返還請求権は、別個の訴訟物ということになりますから請求が2つになるというわけです。

（3）予備的併合

　それから、予備的併合です。これは2つの請求のうちのどちらかに優先順位を付けることです。第1次の、つまり主位の請求が認容されることを解除条件として、副位の請求について審判を求めることです。最初にこちらを請求し、それがダメなときには、次の請求をというふうに順番を付けるのが予備的併合だと思ってください。

　たとえば、売買契約に基づく目的物の引渡請求の場合、もし目的物を引き渡してくれないのならば、払った代金を返せと請求する、という話になるわけです。このような場合が予備的な併合です。まずは、売買代金を払っているわけですから、品物を受け取りたいわけです。ところが、相手が品物を渡してくれないときには、仕方がない、それでは払った代金を返してくれという請求になるわけです。

キーワード **予備的併合**
法律上両立しえない数個の請求に順位を付し、主位請求が認容されることを解除条件として副位請求の審判を求める併合形態をいう。

❷訴えの変更

> ▶▶▶**第143条**（訴えの変更）
> ①　原告は、請求の基礎に変更がない限り、口頭弁論の終結に
> 至るまで、請求又は請求の原因を変更することができる。ただ
> し、これにより著しく訴訟手続を遅滞させることとなるときは、
> この限りでない。
>
> 〈2項以下　略〉

　次に、訴えの変更です。原告が訴訟の係属後に、訴状の記載事項である
請求の趣旨、または原因を変更することによって、審判事項の同一性や範
囲を変更することです。それを訴えの変更といいます。

　たとえば、物の引渡請求をしていたのだけれども、もう、そんなものい
らない、損害賠償請求にします、というふうに中身を変えていくわけです。

❸反訴

> ▶▶▶**第146条**（反訴）
> ①　被告は、本訴の目的である請求又は防御の方法と関連する
> 請求を目的とする場合に限り、口頭弁論の終結に至るまで、本訴
> の係属する裁判所に反訴を提起することができる。ただし、次に
> 掲げる場合は、この限りでない。
> 　1　反訴の目的である請求が他の裁判所の専属管轄（当事者が
> 第11条の規定により合意で定めたものを除く。）に属するとき。
> 　2　反訴の提起により著しく訴訟手続を遅滞させることとなる
> とき。
>
> 〈2項以下　略〉

　係属する訴訟手続のうちで、被告から原告を相手として提起する訴えを
反訴といいます。これも言葉のイメージくらいはもっておきましょう。

　反訴というのは、同じ訴訟の手続で、逆に被告のほうから反論して訴え

> **キーワード　訴えの変更**
> 訴訟係属後に、原告が、当初からの手続を維持しつつ、
> 当初の審判対象を変更することをいう。

を出してしまうことです。まったく別の訴訟手続ではなくて、その同じ手続の中で被告のほうが訴えを出してくる場合です。

　たとえば、土地を明け渡せ、というようなことを原告が主張した、つまり、被告に対して「あなた出ていってください」と言ったとします。そうしたら被告のほうが、「いやいやちょっと待ってください。私はここを借りているのです。賃借権があるはずですから、それを確認してください」と訴えを提起します。つまり被告のほうが、逆襲してくるわけです。これが反訴ということになります。

❹ 中間確認の訴え

> ▶▶▶ 第145条（中間確認の訴え）
>
> 　①　裁判が訴訟の進行中に争いとなっている法律関係の成立又は不成立に係るときは、当事者は、請求を拡張して、その法律関係の確認の判決を求めることができる。ただし、その確認の請求が他の裁判所の専属管轄（当事者が第11条の規定により合意で定めたものを除く。）に属するときは、この限りでない。
>
> 〈2項以下　略〉

　それから、中間確認の訴えです。これは訴訟審理中の請求を判断する上で、先決問題となった法律関係の存否について、その訴訟手続に付随して、当事者が確認判決を求める訴えをいいます。

　要するに、途中で中間的な、いわば理由づけのような判決だけもらうことです。たとえば、無断でそこに立ち入って、所有権を侵害しているから損害賠償金を支払え、という請求をしているとします。そのときに、自分に所有権がある、つまり原告に所有権があるということを確認する判決を、とりあえず途中でもらっておくような場合を中間確認の訴えといいます。

なぜ、このようなものが必要なのでしょうか。たとえば、この所有権侵害に基づく損害賠償請求の場合は訴訟物はその所有権侵害に対する損害賠償請求権です。民法709条の不法行為に基づく損害賠償請求権、これが訴訟物なわけです。その損害賠償請求権があるということについては既判力が生じるわけです。

　なぜ、損害賠償請求が認められたのかというと、それは所有権を侵害していたからですが、それは理由にすぎず、そういう理由中の判断については既判力が生じないわけです。

　しかし、後になって、あなたの所有ではなかったという点が蒸し返されると嫌なので、これは原告の所有であるということについても、既判力を生じさせたいわけです。こういった場合に、この中間確認の訴えによって、判決の理由中の判断についても、既判力を生じさせるために使ったりするのです。本来ならば民法709条の不法行為に基づく損害賠償請求権がある、ということについてしか既判力は生じないわけですから、なぜ不法行為になったのかという理由である原告の所有権について、後で被告から、あなたの所有じゃない、などということを訴えられたりするとめんどうくさいということです。そこで、原告は所有権をもっていることを、きちんと確認しておくため、中間確認の訴えを提起する必要が出てくるのです。

❺ 弁論の併合

▶▶▶第152条（口頭弁論の併合等）

　① 裁判所は、口頭弁論の制限、分離若しくは併合を命じ、又はその命令を取り消すことができる。

　② 裁判所は、当事者を異にする事件について口頭弁論の併合を命じた場合において、その前に尋問をした証人について、尋問

**の機会がなかった当事者が尋問の申出をしたときは、その尋問を
しなければならない。**

　弁論の併合とは、同一の裁判所に別々に係属している数個の請求を、同
一の訴訟手続で審理判断すべきことを命ずる裁判所の処置をいいます。当
事者が同一であることは必要ありません。

　当事者も弁論の併合を申し立てることはできますが、あくまでも訴訟手
続の整理・促進・判断の統一のためになされる裁判所の訴訟指揮権の発動
ですので、この裁判所の処置に不服を申し立てることはできません。

　以上が、客体が複数という場合の話です。

Ⅱ 訴訟主体の複数

❶共同訴訟

それから次に、訴訟の主体が複数という場面もあります。複数訴訟のもう1つのパターンが、共同訴訟です。

1つの訴訟手続に、原告が複数の場合と被告が複数の場合とがありますが、それが対立関与している訴訟形態を共同訴訟といいます。この共同訴訟というのは、原告または被告の全員に対して、合一確定の要請があるかどうか、合一確定が法律上要求されているかどうかというところで、通常共同訴訟（39条参照）と必要的共同訴訟（40条）に分類されます。

合一確定というのは、その原告同士または被告同士で、同じ結論になることが必要かどうかということです。原告が何人もいるときに、すべての原告に共通の結論、たとえば原告の勝訴のような認容判決がでるのか、あるいは棄却判決がでるのかというように、その判決の内容は、原告全員に共通である必要があるかどうかというような意味です。その判決は、原告全員あるいは被告全員に共通の判断でなければならないというのが法律上要求されているものが必要的共同訴訟とよばれるものです。つまり、判決がバラバラになることが許されず、合一確定の要求される共同訴訟のことを必要的共同訴訟といいます。

（1）通常共同訴訟

▶▶▶第39条（共同訴訟人の地位）

共同訴訟人の一人の訴訟行為、共同訴訟人の一人に対する相手方の訴訟行為及び共同訴訟人の一人について生じた事項は、他の共同訴訟人に影響を及ぼさない。

> **キーワード　通常共同訴訟**
> 各共同訴訟人と相手方との間の複数の請求相互間に38条所定の関連性がある場合に、本来個別に訴訟を提起し審判されうる数個の請求につき便宜上共同訴訟とすることが認められる場合をいう。

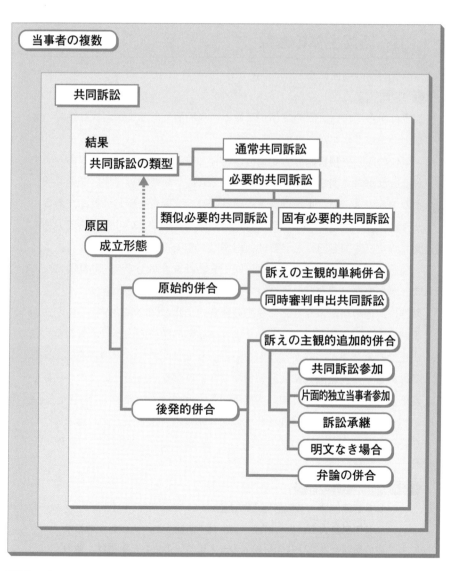

通常共同訴訟というのは、各共同訴訟人と相手方の間に、それぞれ別個の請求がある場合です。しかも、それが個別相対的に解決される、要するにバラバラの判断になってもいいという考え方です。相手方との勝敗を一律に決定する必要のないものです。それを通常共同訴訟といいます。

　たとえば、自動車事故で、ドライバーＡとそれから助手席に乗っていたＢの2人が怪我をしたとします。そのときに、相手方に対して、その2人が原告になって損害賠償請求をしたとします。ＡさんとＢさんが原告になって、加害者である相手1人に対して、請求をする場合です。その際に2人がそれぞれ相手方に対して1000万円の損害賠償請求をしていたとします。判決はＡさんに対しては1000万円認め、Ｂさんに対しては500万円しか認めないというバラバラな判決になってもかまわないというものが通常共同訴訟です。

　ＡさんとＢさんでは、実際にかかった治療費が違っていたとか、慰謝料の額が違っていたとか、いくらでもありうることです。ですから、その判断がバラバラになっても別にかまわないというのが通常共同訴訟のパターンなのです。たまたま同じ事件だから、一緒に訴えを出してみたというだけのことです。結論が違ったとしても、別に矛盾するわけでも何でもないわけです。これが通常共同訴訟というパターンです。

（2）必要的共同訴訟

▶▶▶第40条（必要的共同訴訟）
　①　訴訟の目的が共同訴訟人の全員について合一にのみ確定すべき場合には、その一人の訴訟行為は、全員の利益においてのみその効力を生ずる。
　②　前項に規定する場合には、共同訴訟人の一人に対する相手方の訴訟行為は、全員に対してその効力を生ずる。
　③　第1項に規定する場合において、共同訴訟人の一人につい

　キーワード　**必要的共同訴訟**
　判決が各共同訴訟人ごとにまちまちとなることが許されず、合一確定（40条）が要求される共同訴訟をいう。

て訴訟手続の中断又は中止の原因があるときは、その中断又は中止は、全員についてその効力を生ずる。
　　④　第32条第１項の規定は、第１項に規定する場合において、共同訴訟人の一人が提起した上訴について他の共同訴訟人である被保佐人若しくは被補助人又は他の共同訴訟人の後見人その他の法定代理人のすべき訴訟行為について準用する。

ａ．類似必要的共同訴訟

　これに対して、必要的共同訴訟というのは、同じ結論にならないと困ってしまう場合です。まず、類似必要的共同訴訟です。これは各自独立に当事者適格を有するが、共同して訴え、または訴えられた法律上の権利関係の判断は、合一に確定され、勝敗が一律に決まらなければならない場合です。

　たとえば、数人が提起する会社設立無効確認の訴え（会社法828条１項１号、２項１号）などです。ある会社が設立されたが、その会社の設立は無効であるという訴えは、その会社に利害関係をもっている取締役、監査役、株主などが１人で訴えることができますが、そのうちの誰かが訴えるときに、それは私も無効と思うからと原告になり、何人かが原告になって訴えたとします。そのときの結論は会社の設立の有効無効という非常に重大なことです。ある人との関係では、会社設立は無効だけど、別の人との関係では有効ですということになってしまったとしたら、混乱してしまいますから、会社の設立が有効か無効かということは、全員同じ結論にならないと困るわけです。このような場面を類似必要的共同訴訟といいます。

ｂ．固有必要的共同訴訟

　もう１つが固有必要的共同訴訟です。これは、数人が共同してのみ訴えを提起しなければならない、要するに、１人で訴えることはできない、最初から全員一緒に訴えなければならないような訴訟です。

キーワード　主観的追加的併合

訴訟係属中に、第三者が新たに当事者として当該訴訟に加入することで、共同訴訟となる場合をいう。法律上認められるものとして共同訴訟参加、参加承継・引受承継などがある。明文のない主観的追加的併合が認められるか否かについては争いがあり、判例はこれを否定している。

共有者が第三者を相手として共有権の確認を求めるような訴訟があります。たとえば、親父さんから相続した土地を兄弟3人が共有しているという状況になっていたとします。そのときに、第三者が何か文句を言ってきたので、その第三者に対して私たち3人が共有している土地ですということを確認しますという訴えは、3人一緒にやらないと当事者適格が否定され、本案判決をだしてもらえないということなのです。それは3人の共有であるということを確認することになるわけですから、そのうちの1人だけが、訴えて判決をもらったりするというのは、残りの2人にとって困ったことになるわけです。その残りの2人に対して、影響が出てしまいますから、こういうものは3人一緒に訴えないとダメだということです。そういうものを固有必要的共同訴訟とよぶと思っておいてください。

（3）同時審判申出訴訟

▶▶▶**第41条**（同時審判の申出がある共同訴訟）

　①　共同被告の一方に対する訴訟の目的である権利と共同被告の他方に対する訴訟の目的である権利とが法律上併存し得ない関係にある場合において、原告の申出があったときは、弁論及び裁判は、分離しないでしなければならない。

　②　前項の申出は、控訴審の口頭弁論の終結の時までにしなければならない。

　③　第1項の場合において、各共同被告に係る控訴事件が同一の控訴裁判所に各別に係属するときは、弁論及び裁判は、併合してしなければならない。

　共同被告の一方に対する訴訟の目的である権利と共同被告の他方に対する訴訟の目的である権利とが法律上併存しえない関係にある事案で、原告が、同時に審判するよう申し出た場合、裁判所は弁論・裁判を被告ごとに分離できないとされる訴訟をいいます。

> キーワード **主観的単純併合**
> 共同訴訟人と相手方との間の複数の請求につき、訴えの当初から1個の訴えをもって同時に審判を求める場合をいう。

たとえば、AがBの代理人と称するCと契約を締結した場合、AはBに契約上の義務の履行を求め、それが無権代理を理由に否定される場合には、無権代理人の責任（民法117条）を追及することができます。

　この場合、AはB・Cに対して別個に訴訟提起することは当然できますが、民事訴訟は訴訟当事者間の相対的な紛争解決が原則ですので、AがBとの訴訟では「Cが無権代理人であった」ことを理由に敗訴し、Cとの訴訟では「Cが代理人であった」ことを理由に敗訴することもありえます。

　しかし、それはAにとってはあまりにも酷な結果です。そこで、このような結果を回避するために、請求の複数のところで学んだ予備的併合のように、Bへの請求の認容を解除条件として、Cへの請求を併合して訴えを提起すること（主観的予備的併合）の可否が論じられています。

　この主観的予備的併合は、副位被告の地位があまりにも不安定となるため、判例上は正面からは認められていません。

　ただ、この結果の是正の必要性は一般に認められるところです。ですから、1996（平成8）年の改正で、同時審判申出訴訟が認められたのです。

（4）選定当事者

▶▶▶**第30条**（選定当事者）

　① 共同の利益を有する多数の者で前条の規定に該当しないものは、その中から、全員のために原告又は被告となるべき一人又は数人を選定することができる。

　② 訴訟の係属の後、前項の規定により原告又は被告となるべき者を選定したときは、他の当事者は、当然に訴訟から脱退する。

　③ 係属中の訴訟の原告又は被告と共同の利益を有する者で当事者でないものは、その原告又は被告を自己のためにも原告又は被告となるべき者として選定することができる。

　④ 第1項又は前項の規定により原告又は被告となるべき者を

選定した者（以下「選定者」という。）は、その選定を取り消
し、又は選定された当事者（以下「選定当事者」という。）を変
更することができる。
　⑤　選定当事者のうち死亡その他の事由によりその資格を喪失
した者があるときは、他の選定当事者において全員のために訴訟
行為をすることができる。

　1996（平成8）年の改正では、選定当事者制度の拡大を図りました。選
定当事者は、共同の利益を有する多数者の間で訴えの提起の前に当事者選
択がなされ、選定当事者を原告または被告として訴えを提起される場合
（30条1項）と、訴訟係属後に当事者選定がなされ、被選定者以外が訴訟
から脱退する場合（30条2項）があります。更に、1996（平成8）年の改
正では、たとえば係属中の訴訟の原告または被告と共同利益を有する者で
当事者でない人が、その原告または被告を自己の利益のために原告または
被告となるべき者として当事者に選定できるようになりました（30条3
項）。

❷ 補助参加訴訟

▶▶▶第42条（補助参加）
　訴訟の結果について利害関係を有する第三者は、当事者の一方
を補助するため、その訴訟に参加することができる。

　それから、補助参加訴訟です。これはどういうことかというと、訴訟の
係属中に第三者が当事者の一方に訴訟追行を補助するために参加する訴訟
形態です。これはあくまでも、補助するためにその訴訟の中に登場するだ
けで、当事者になるわけではないのです。たとえば、AさんとCさんが何
か争っているとします。そこにBさんが、「私にCさんの手伝いをさせて
ください」と参加してきて、その訴訟をいろいろ手助けするわけです。

キーワード **補助参加**
他人間の訴訟の結果につき利害関係をもつ第三者が当事
者の一方を勝訴させることによって、間接的に自己の利
益を守るために参加する参加形態をいう。

もしくは、債権者がA、債務者がBで、Bの委託で保証人Cを付けましたという場合を考えてみましょう。もし仮に、保証人がお金を払った場合には、その保証人Cは債務者であるBに求償というものができるのです（民法459条1項）。要するに、もし保証人が立替払いをしたときには、後で、その主債務者に対してその額を請求することができます。それを求償といいますが、とにかく請求できると思っておいてください。

　さて、債権者Aが保証人Cに対して訴えを提起したとします。AがCに対してその保証債権の請求の訴訟を提起したというわけです。そのときに保証人Cが、「いやいや、私はたしかに保証人になったけれども、債務者Bが主債務についてすでに弁済したから、私は保証債務を履行する必要はないはずです。なぜなら、主債務が弁済によって消滅したことにより、付従性で保証債務も消滅しているからです。だから、私は払う必要はないです」ということを一生懸命主張しているとします。

　その場合に、もしCが負けてしまったとき、AのCに対する請求は認められてしまうことになります。Cが払わなくてはいけないということになったら、主債務者たるBは、Cが払った後にCから請求（求償）されてしまうわけです。となると、Bは、Cに負けてもらっては困る立場にあるわけです。Cが、1人で裁判をやって、どうも訴訟が下手で主債務の弁済の主張もうまくやっていないときに、利害関係をもっている主債務者たるBが助っ人として、そこに入ってくるというのが補助参加ということです。

　そのような形で、当事者の一方に、それを補助するために参加してくる、加わってくる、そのようなものを補助参加訴訟といいます。

　それから、明文の規定はありませんが、解釈上認められるものに共同訴訟的補助参加があります。共同訴訟的補助参加とは、当事者にはなれないが補助参加することができる第三者であって、その者が補助参加するしないにかかわらず、その者に当事者間でだされた判決の効力が及ぶ場合にお

いて、その者が参加すれば、通常の補助参加人よりも強固な訴訟上の地位・権限が与えられるときをいいます。

❸ 三面訴訟（独立当事者参加訴訟）

▶▶▶第47条（独立当事者参加）

① 訴訟の結果によって権利が害されることを主張する第三者又は訴訟の目的の全部若しくは一部が自己の権利であることを主張する第三者は、その訴訟の当事者の双方又は一方を相手方として、当事者としてその訴訟に参加することができる。

〈2項以下　略〉

それから三面訴訟です。独立当事者参加訴訟などといったりしますが、同一の権利関係をめぐって、3名以上が三つ巴で争うというような場合です。そのうち二当事者間で訴訟が係属している場合に、第3の者が独立の当事者として、原告・被告の両方または片方に対して、自己の請求を立てて訴えを提起するのが、独立当事者参加の訴訟形態です。ですからAB間で争っている、その中にCが当事者として入ってくるのです。

補助参加と違うのは、補助参加は当事者になるわけではないのですが、独立当事者参加は、まさに当事者として参加する点にあります。たとえば、AとBとの間で、Aがある土地（甲地）について、これは私の所有物だとして、Bに対して所有権に基づく甲地明渡し・移転登記手続請求をしていたとします。AとBとで、ある土地の所有権を争っているわけです。そのときに、第三者のCが、自分こそが甲地の所有者だとして、Aに対しては所有権確認の訴えを、Bに対しては所有権に基づく甲地明渡し・移転登記手続請求をし、AB間の訴訟に加わってくるわけです。まさに三つ巴になる、そういうのがこの独立当事者参加ということになるわけです。

参加者が、当事者の一方に請求を立てて当事者参加をすること（いわゆ

キーワード **独立当事者参加**
第三者が係争中の訴訟の原告・被告の一方または双方に対して、それぞれ請求を立てて、原告・被告間の請求とともに同一手続で三者間に矛盾のない判決を求める三面訴訟形態をいう。

る片面的独立当事者参加）が認められるかについては従来争いがあり、判例はこれを認めていませんでした。

　たとえば、前述の例でBがCに甲地明渡し・移転登記手続請求につき争わないとしているような場合、それにもかかわらずCは、Bに対する請求を立てて参加しなければならないかということです。

　しかし、このような場合にも3者間の紛争を統一的に解決する必要性はあります。また、CがBに対する請求を立てることを求めるのは無駄です。

　そこで、1996（平成8）年の改正で片面的独立当事者参加も認められることになりました（47条1項）。

❹ 当事者の交替（訴訟の承継）

（1）訴訟中の当事者の変更（任意的当事者変更）

　訴訟の係属中に当事者が変更する、当事者が交替する場合があります。

　訴訟中の当事者の変更を任意的当事者変更というのですが、原告が訴訟の係属後、当事者適格を欠くことが判明した当初の被告以外の適格者に訴えの向きを変えたり、または当初の原告以外の適格者が原告と入れ替わって訴訟を追行するものです。

　たとえば、AがBに対して訴えを出したとします。途中で、Bさんじゃなかった、間違えていた、本当に訴えるべき相手はCさんだったというので、途中でCに訴えの向きを変える、被告を変えるというものが任意的当事者変更というものです。この場合、次に述べる訴訟承継と違い、実体法上、BからCへの紛争主体たる地位の移転があるわけではありません。

キーワード　**訴訟承継**
訴訟係属中に、紛争の主体が実体的に変更したことを受けて従前の当事者から訴訟外の第三者へ当事者を変更する場合をいう。包括承継に伴う「当然承継」（124条等参照）と特定承継に伴う「参加承継」（49条、51条前段・49条）、「引受承継」（50条、51条後段・50条）がある。
cf. 任意的当事者変更

▶▶▶**第49条**（権利承継人の訴訟参加の場合における時効の完成猶予等）

①　訴訟の継続中その訴訟の目的である権利の全部又は一部を譲り受けたことを主張する者が第47条第1項の規定により訴訟参加をしたときは、時効の完成猶予に関しては、当該訴訟の係属の初めに、裁判上の請求があったものとみなす。

〈2項以下　略〉

▶▶▶**第50条**（義務承継人の訴訟引受け）

①　訴訟の係属中第三者がその訴訟の目的である義務の全部又は一部を承継したときは、裁判所は、当事者の申立てにより、決定で、その第三者に訴訟を引き受けさせることができる。

②　裁判所は、前項の決定をする場合には、当事者及び第三者を審尋しなければならない。

③　第41条第1項及び第3項並びに前2条の規定は、第1項の規定により訴訟を引き受けさせる決定があった場合について準用する。

▶▶▶**第51条**（義務承継人の訴訟参加及び権利承継人の訴訟引受け）

第47条から第49条までの規定は訴訟の係属中その訴訟の目的である義務の全部又は一部を承継したことを主張する第三者の訴訟参加について、前条の規定は訴訟の係属中第三者がその訴訟の目的である権利の全部又は一部を譲り受けた場合について準用する。

これに対して、訴訟の承継は係争権利関係をめぐる前主の実体法上の地位が、承継人に移転してしまうという場合です。新たに紛争主体となった第三者に従来の訴訟における当事者としての地位を認めて、承継時における前主の訴訟上の地位を全面的に承継させるというものです。

これはたとえば、原告が目的物を引き渡せと請求している場合に、被告がその目的物をもっていたのですけれども、裁判をしている最中にその目的物を別の人に売り飛ばしてしまったとします。その目的物をこっちによ

キーワード 参加承継（49条、51条前段・49条）・
引受承継（50条、51条後段・50条）
訴訟物の譲渡があった場合に、承継人のほうでみずから進んで訴訟参加すること（参加承継）、従来の当事者の相手方のほうから承継人を訴訟に引き込むこと（引受承継）をいう。

こせという相手が、別の人になってしまった場面です。

　ちょっとわかりにくいのですが、実体法上の権利・義務が移転するかどうかが任意的当事者変更と訴訟の承継との違いです。任意的当事者変更というのは係属中に実体法上の権利関係は変更されていません。要するに、最初から間違えて別の人を訴えたことに後で気づいたという場合です。これに対して、訴訟の係属中に実体法上の権利の移転があったというのが訴訟の承継の話だということです。訴訟の係属中に法律関係が動いてしまったので、別の人を当事者にしますということです。

　なお、承継原因の発生により、法律上当然に当事者の交替が生じるものを当然承継といいます。たとえば、当事者が死亡してしまったのでその相続人が承継する、というのが典型例です（124条1項参照）。

❺ 訴訟告知

　訴訟の係属中、当事者がその訴訟に参加することのできる第三者に訴訟が係属している事実を通知することをいいます（53条）。

　訴訟告知の趣旨は、被告知者に訴訟参加の機会を与えるとともに、告知者が敗訴した場合に被告知者にも参加的効力を及ぼすことによって、紛争を一気に解決できるようにすることにあります。

キーワード **参加的効力**
被参加人が敗訴した場合に参加人と被参加人間で生じる判決の効力をいう。

キーワード **当然承継**
承継原因の発生により法律上当然に当事者の交替が生じるものをいう。

理解度クイズ⑥

1　売買契約に基づく目的物の引渡請求と同時に、もし引き渡してくれないならば払った代金を返せと請求するような場面を何というか。

① 単純併合

② 選択的併合

③ 予備的併合

2　ある物を取り戻すため所有権に基づく返還請求と占有権に基づく返還請求を同時にしていくような場合を何というか。

① 単純併合

② 選択的併合

③ 予備的併合

3　次のうち当事者でないのはだれか。

① 共同訴訟参加した者

② 独立当事者参加した者

③ 補助参加した者

※解答は巻末

上訴と再審

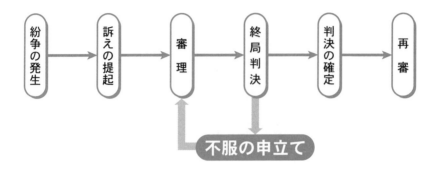

❶ 上訴とは

> 判決をもらいました。しかし、その内容は必ずしも満足のいくもの
> ではありません。このような不服のある当事者は、どうすればよいで
> しょうか。

　最後に、上級審手続というのがあります。判決をもらった、しかし、満
足のいくものではなかったとします。このような不服のある者はどうした
らいいだろうかという場合、上訴ということをして上級審での審理を求め
ることができます。

　確定判決には既判力があることは前に述べましたが、これに対して、判
決が確定する前は再びその事件について争うことができます。これが上訴
というものなのです。上訴というのは裁判が確定しない間に上級裁判所に
その取消しを求める不服申立てで、控訴、上告、抗告と３種類あります。

キーワード **控訴**
第一審の終局判決に対する第二の
事実審への上訴をいう。

キーワード **上告**
終局判決に対する法律審への上訴
をいう。

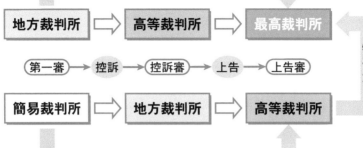

▶▶▶第281条（控訴をすることができる判決等）

①　控訴は、地方裁判所が第一審としてした終局判決又は簡易裁判所の終局判決に対してすることができる。ただし、終局判決後、当事者双方が共に上告をする権利を留保して控訴をしない旨の合意をしたときは、この限りでない。

②　第11条第2項及び第3項の規定は、前項の合意について準用する。

▶▶▶第311条（上告裁判所）

①　上告は、高等裁判所が第二審又は第一審としてした終局判決に対しては最高裁判所に、地方裁判所が第二審としてした終局判決に対しては高等裁判所にすることができる。

②　第281条第1項ただし書の場合には、地方裁判所の判決に対しては最高裁判所に、簡易裁判所の判決に対しては高等裁判所に、直ちに上告をすることができる。

▶▶▶第328条（抗告をすることができる裁判）

①　口頭弁論を経ないで訴訟手続に関する申立てを却下した決定又は命令に対しては、抗告をすることができる。

キーワード 抗告
判決以外の裁判である決定および命令に対して認められる、独立の簡易な上訴をいう。

②　決定又は命令により裁判をすることができない事項について決定又は命令がされたときは、これに対して抗告をすることができる。

　わが国は三審制を採用しているので、原則として、最高で2回まで不服の申立てが認められています。控訴、上告と2回まで認められているということになります。控訴というのが第2の事実審への上訴で、上告というのは法律審への上訴ということになります。なお、抗告というのもありますが、判決ではなくて、決定や命令に対して認められる不服申立てのことをいいます。

❷再審との違い

　このように、判決が確定するまでは上訴ができますが、いったん確定してしまうと、これは既判力が生じるわけですから、もはや蒸し返すことはできません。しかし、いったん確定した裁判でも、実は何か間違っていたということが、後からはっきりする場合もあります。そのときに、その裁判の判決の取消しを求めるのが再審というものなのです。

　再審は上訴ではありません。再審というのは上訴とは違って、確定した後の話になります。上訴は確定する前の話です。再審は確定判決に対して、その瑕疵などを理由に、その取消しを求めることです。いわば、非常事態の不服申立ての方法ということになります。上訴と再審というのは、内容が違うということを知っておいてください。ただ、もう一度やり直すというところでは、ちょっと似たようなところがあります。

　　▶▶▶第338条（再審の事由）
　　①　次に掲げる事由がある場合には、確定した終局判決に対し、再審の訴えをもって、不服を申し立てることができる。ただし、当事者が控訴若しくは上告によりその事由を主張したとき、

（キーワード）**再審**
確定判決に対して、その瑕疵などを理由に、当事者が判決の取消しとこれによって終了した訴訟の復活による再審判とを求める、非常の不服申立方法をいう。

又はこれを知りながら主張しなかったときは、この限りでない。

1　法律に従って判決裁判所を構成しなかったこと。

2　法律により判決に関与することができない裁判官が判決に関与したこと。

3　法定代理権、訴訟代理権又は代理人が訴訟行為をするのに必要な授権を欠いたこと。

4　判決に関与した裁判官が事件について職務に関する罪を犯したこと。

5　刑事上罰すべき他人の行為により、自白をするに至ったこと又は判決に影響を及ぼすべき攻撃若しくは防御の方法を提出することを妨げられたこと。

6　判決の証拠となった文書その他の物件が偽造され若しくは変造されたものであったこと又は判決の証拠となった電磁的記録が不正に作られたものであったこと。

7　証人、鑑定人、通訳人又は宣誓した当事者若しくは法定代理人の虚偽の陳述が判決の証拠となったこと。

8　判決の基礎となった民事若しくは刑事の判決その他の裁判又は行政処分が後の裁判又は行政処分により変更されたこと。

9　判決に影響を及ぼすべき重要な事項について判断の遺脱があったこと。

10　不服の申立てに係る判決が前に確定した判決と抵触すること。

②　前項第4号から第7号までに揚げる事由がある場合においては、罰すべき行為について、有罪の判決若しくは過料の裁判が確定したとき、又は証拠がないという理由以外の理由により有罪の確定判決若しくは過料の確定裁判を得ることができないときに限り、再審の訴えを提起することができる。

③　控訴審において事件につき本案判決をしたときは、第一審の判決に対し再審の訴えを提起することができない。

上訴の利益

本文でも述べたように、民事訴訟では三審制を採用しており、原審の判決に不服があれば、原則として、控訴、上告と最大2回の上訴ができます。といっても、判決確定前であれば常に上訴ができるわけではなく、上訴のためには上訴の利益が必要です。上訴の利益とは、訴訟要件でいう訴えの利益に対応するものです。上訴の制度は原審判決に対する不服申立てですから、原審判決に対する不服がない場合には上訴の利益は認められません。では、判決に対する不服というのは、具体的にはどういうものをいうのでしょうか。

たとえば、Aさんがある対し、「自分はBから甲土地を買っており、甲土地の所有者は自分であるから、Bはただちに甲土地の登記を自分に移せ」との訴えを提起したとします。この訴えについて、裁判所は、「AのBに対する債権的登記請求権は、時効により消滅している。もっとも、所有権に基づく物権的登記請求権は存在する」として、Aの請求を認容し、Aの勝訴判決がだされました。しかし、Aさんは登記請求権の根拠が債権ではなく、所有権とされたことについて不服があります。この場合でも、Aさんに上訴の利益が認められ、Aさんは控訴をすることができるのでしょうか。

たしかに、Aさんは理由中の判断について不服があります。しかし、上訴の利益が認められるためには、判決主文についての不服がなければならないとするのが判例です。この事例では、Aさんの所有権移転登記請求自体は認められており、その請求権が所有権に基づくということは判決の主文には含まれません。したがって、Aさんの控訴には上訴の利益がなく、控訴は認められないということになります。

では、なぜ上訴の利益は判決主文について判断するのでしょうか。ここまで勉強した皆さんであれば、「判決の主文」と「理由中の判断」という言葉を見て、ぴんと来ていると思います。そう、既判力が及ぶか及ばないか、というのがその理由です。

いくら理由中の判断について不服があったとしても、その部分には既判力が及びません。とすれば、控訴によって理由中の判断を変更しても、お金と時間がかかるだけで結局何も変わらないじゃないか、ということです。

もっとも、理由中の判断についても例外的に既判力の及ぶものがありましたね。相殺の抗弁です。これについては、控訴によって変更するだけの実益がありますから例外的に上訴の利益が認められます。

理解度クイズ⑦

1 次のうち、上訴でないものはどれか。

　① 控訴

　② 上告

　③ 再審

2 次のうち順序として正しいものはどれか。

　① 控訴→上告→抗告

　② 上告→控訴

　③ 控訴→上告

3 判決ではなく、決定や命令に対しての不服申立てを何というか。

　① 控訴

　② 上告

　③ 抗告

※解答は巻末

……まとめ

　民事訴訟法というのは、以上のような流れを勉強していくことになります。

　最後に、目次を見て、そういえばこんなことを勉強したということを、ぜひ思い出してください。最初にお話をしたとおり、民事訴訟というのは、何度も繰り返し勉強をするということが重要です。ですから、まずはおおまかな流れを把握し、その中で、どういう言葉が出てきたか、どういう概念が出てきたのか、たとえば、処分権主義だとか、弁論主義だとか、適時提出主義だとか、いろんな言葉が出てきました。どの場面で問題となる言葉なんだろうかということのイメージをもつことです。

　実際の裁判というのは訴えが提起される、すなわち、訴訟物というものを、まず明確にします。次に訴訟物をめぐって、法律上の主張というものがなされます。その法律上の主張を基礎づける具体的な事実上の主張がなされます。その事実上の主張や法律上の主張が、ぴったりかみ合っていればいいのですけれども、かみ合わないで、この点は認める、自白する、この点は認めないで争う、というところがいろいろ出てきますから、どこが争われているのか、という争点を整理します。

　争点を整理して、ここがお互いの事実上の主張で不一致になっている、争われてる点だなということが明確になったら、次に最後の段階である立証の段階にいくわけです。そこでお互いが提出した証拠に基づいて証拠調べを行います。そうやって、証拠調べをして、その証拠調べの結果に対しては、裁判官が自由心証で判断をします。

　ただ、いくら自由心証といっても、裁判官が、そういう事実はあったとか、なかったとか、真実だとかいうことの判断を確信をもってできればい

いのですが、なかなかそうもいきません。

　確信をもって判断できない、真偽不明なときにどうするのかというと、その事実があったことにするか、なかったことにするか決めておかなくてはいけません。それが証明責任の分配という話だったわけです。

　そのような仕組みで事実が決まって、その事実に基づいて法律上の主張が認められるかどうかが決まり、それが決まったことによって、最終的に訴訟物が認められるかどうかが決まるという、いわば4段階の構造をとっていくというわけです。それが時間の流れの中でいろいろと審理されていくということ、それが民事訴訟の基本的な全体像だと思ってください。

　そして、民事訴訟というのは、事実を発見するのではなくて、当事者の紛争を解決することが何よりも大切な目的なのです。そのために、既判力というものを生じさせることによって、とりあえずの紛争解決にもっていくわけです。ただ、その既判力というものも、民事訴訟の場合には時の経過とともに権利関係がいくらでも変わっていきますから、どの時点で権利があったのか、なかったのか、という基準時という概念が必要になります。これも刑事訴訟法とは違うことなのです。刑事訴訟法というのは、この人が犯人かどうかということを決めるだけです。すなわち、過去のある時点の事実の存否が訴訟物になっているわけですから、その事実自体は、絶対に変わらないわけです。この人が犯人で、人殺しをしたという事実は変わらないわけです。ですから、刑事訴訟の場合には、何かその基準時みたいなものは、あまり問題にならないのです。しかし、民事訴訟法における訴訟物は事実ではなしに権利ですから、権利というのは、途中で譲渡されるとか、弁済によって消滅してしまうとか、いろいろ変わってしまいます。どの時点の権利の存在が明らかになるのかという、基準時みたいなものがあるということです。

　そうやって判決がでて、一応確定してしまうと、あとはもう覆せないの

で、再審ができるだけです。判決がでたけど、確定する前の間は、更に上訴ということで、原則として、最高で2回まで争うことができます。それが上級審の上訴手続ということになるわけです。

　以上が、民事訴訟法の手続の基本的な流れでした。本書より更に高いレベルまで学習を進めていこうという方は、それぞれの手続をもう少し細かくみていって、手続の具体的内容がどうなっているのか、また、その手続での問題点が他の手続のところでどういうふうに影響するのか、という点を意識しながら勉強していくとよいと思います。その際の教材としては、拙著『試験対策講座　11　民事訴訟法』（弘文堂）をおすすめしておきます。本書と同様にわかりやすい記述を心がけながら、あらゆる資格試験に対応できるレベルの情報を盛り込んであります。

【理解度クイズ①解答】

1　⑤

2　③

【理解度クイズ②解答】

1　①

2　②

3　③

【理解度クイズ③解答】

1　①

2　①

3　②

4　③

【理解度クイズ④解答】

1　①

2　②

3　①

4　③

5　③

6　②

7　③

8　④

【理解度クイズ⑤解答】

1　①

2　①

【理解度クイズ⑥解答】

1　③

2　②

3　③

【理解度クイズ⑦解答】

1　③

2　③

3　③

伊藤 真（いとう・まこと）

[略歴]

1958年　東京生まれ。　1981年　司法試験に合格後、司法試験等の受験指導に携わる。

1982年　東京大学法学部卒業後、司法研修所入所。　1984年　弁護士登録。

1995年　15年間の司法試験等の受験指導のキャリアを活かし、合格後、どのような法律家になる
かを視野に入れた受験指導を理念とする「伊藤真の司法試験塾」（その後、「伊藤塾」に
改称）を開塾。

伊藤塾以外でも、大学での講義（慶應義塾大学大学院講師を務める）、代々木ゼミナ
ールの教養講座講師、日経ビジネススクール講師、全国各地の司法書士会、税理士会、
行政書士会等の研修講師も務める。

現在は、予備試験を含む司法試験や法科大学院入試のみならず、法律科目のある資格
試験や公務員試験を目指す人達の受験指導をしつつ、一人一票実現国民会議の事務局長
として一票の価値実現をめざす等、社会的問題にも取り組んでいる。

（一人一票実現国民会議 URL：https://www2.ippyo.org）

[主な著書]

『伊藤真の入門シリーズ「法学入門」、「憲法～刑事訴訟法」』（全8巻、日本評論社）
　＊伊藤真の入門シリーズ第3版（全6巻）は韓国版もある。

『伊藤塾合格セレクション　司法試験・予備試験　短答式過去問題集』（全7巻、日本評論社）、
『伊藤真試験対策講座』（全15巻、弘文堂）、『伊藤真ファーストトラックシリーズ』（全7巻、弘
文堂）、『中高生のための憲法教室』（岩波ジュニア新書）、『なりたくない人のための裁判員入
門』（幻冬舎新書）、『夢をかなえる勉強法』（サンマーク出版）、『憲法問題』（PHP新書）、『憲法
は誰のもの？』（岩波ブックレット）、『あなたこそたからもの』（大月書店）等多数。

伊藤塾　東京都渋谷区桜丘町17-5　03（3780）1717

　　　　https://www.itojuku.co.jp/

伊藤 真の民事訴訟法入門 第6版──講義再現版

● ──1998年 6 月10日　第 1 版第 1 刷発行

　　　2001年 4 月30日　第 2 版第 1 刷発行

　　　2005年10月15日　第 3 版第 1 刷発行

　　　2010年 2 月25日　第 4 版第 1 刷発行

　　　2015年11月30日　第 5 版第 1 刷発行

　　　2024年 3 月30日　第 6 版第 1 刷発行

著　者──伊藤 真

発行所──株式会社 日本評論社

　　　　〒170-8474 東京都豊島区南大塚3-12-4

　　　　電話03-3987-8621（販売）　 -8592（編集）　振替00100-3-16

印刷所──株式会社平文社

製本所──株式会社難波製本

検印省略 © 2024 M. ITOH

装幀／清水良洋　カバーイラスト・本文イラスト／佐の佳子

Printed in Japan

ISBN 978-4-535-52784-3